KB138317

세상에 대하여
우리가
더잘 알아야 할
교양

36

지은이 | 옮긴이 | 감수자 소개

지은이 **닉 헌터** Nick Hunter

청소년을 위한 책을 30권 이상 저술했습니다. 대학에서 현대사를 전공했으며 역사나 사회과학 분야에 관한 책을 주로 씁니다. 작가가 되기 전에는 교육 전문 출판사에 근무했습니다. 저서로는 《이주(Immigration)》《올림픽(The Olympics)》《스티브 잡스(Steve Jobs)》 등이 있습니다.

옮긴이 **이현정**

서강대학교에서 영어영문학과 심리학, 서울대학교 대학원에서 인지과학을 공부했습니다. 미국에서 약학대학원을 다니던 중 번역의 세계에 뛰어들어 맥쿼리 대학교 통번역 석사를 마친 후 통번역사로 일하고 있습니다. 주요 역서로는 《상위 1%가 즐기는 창의수학퍼즐1000》《뉴 비타민 바이블》《옷장 심리학》《브레인 트러스트》 등이 있습니다.

감수자 **김도균**

경희대학교 체육대학원 교수입니다. 경희대학교에서 체육학을 공부하고 한국체육대학교 대학원에서 체육학 박사, 중앙대학교 국제경영대학원에서 경영학 석사 학위를 취득했습니다. 저서로는 《스포츠 마케팅》《스포츠 이벤트 기획》《FIFA 월드컵 마케팅》 등이 있습니다.

세 상에 대하여
우리가
더 잘 알아야 할
교양

닉 헌터 글 | 이현정 옮김 | 김도균 감수

36

스포츠 자본

약일까, 독일까?

내인생의책

차례

※ 본문의 **굵은 글씨**로 표시된 단어는 84쪽 용어 설명에서 찾아보세요.

오늘날 스포츠와 자본은 떼려야 뗄 수 없는 관계가 되어버렸습니다. 경기장 곳곳에는 후원 기업들의 광고가 가득하고, 선수들의 유니폼과 장비에도 갖가지 기업들의 로고가 빼곡합니다. 방송 중계 도중에는 꼭 후원 기업의 광고 영상이 끼어듭니다. 경기를 보는 동안 우리는 인기 선수가 광고한 음료를 마시고, 경기가 끝난 뒤에는 인기 선수가 홍보하는 옷과 신발을 차려 입고 외출을 하기도 합니다. 때로는 선수의 실력이나 경기 그 자체보다 '이 경기로 얼마나 많은 돈을 벌까?', '어느 선수가 얼마를 벌어들일까?' 하는 얘기가 더 화제에 오르기도 합니다.

그런데 이런 현상은 비단 우리나라만의 이야기는 아닙니다. 전 세계적으로 스포츠는 기업이나 각종 단체에게 투자 대비 효과가 큰 마케팅 전쟁터가 된 지 오래입니다. 그들에게는 스포츠 경기 자체보다 스포츠로 얼마나 많은 부가가치를 창출해 내느냐가 주 관심사일 수밖에 없습니다. 스포츠 자본주의의 정점에 있는 프로 스포츠에서는 리그, 구단, 선수, 팬, 미디어, 기업, 지역 등이 하나의 거대한 카르텔(cartel)을 형성하여 거대한 그룹으로서 독점적인 지위와 권한을 행사하기도 합니다.

자본이 스포츠에 영향을 끼치는 이러한 현상에 대해 우려를 표시하는 사람이 많습니다. 이들은 스포츠 자본이 몇몇 인기 종목과 선수에만 집중적으로 몰려서 비인기 종목과 선수들에 대한 지원과 관심은 상대적으로 적어진다고 지적하지요. 특히 더 자극적인 경기를 요구하는 대중의 성향에 맞춰 선수들이 경기 자체의 즐거움보다는 승패에만 지나치게 연연한다는 주장이 많은 호응을 얻고 있습니다. 때로는 그 정도가 지나쳐 스포츠 도박에 얽힌 승부조작에 빠지는 경우조차 있어 이런 주장은 더욱 설득력을 얻고 있지요. 하지만 자본의 유입이 없다면 스포츠 자체의 발전이 정체되리라는 것은 너무나도 자명합니다.

이런 상황에서 우리가 할 수 있는 일은 스포츠와 자본을 보는 바른 시각을 갖는 것이겠지요. 자본에 현혹되는 대신 스포츠 그 자체에 대한 흥미를 갖는 일 역시 중요할 것입니다. 그런 의미에서 이 책은 스포츠 현장의 각종 사례와 재미난 일화 그리고 역사 속 스포츠 이야기를 통해 스포츠와 자본의 밀접한 관계를 우리 앞에 생생하게, 구체적으로 제시해 줍니다. 그리고 선수와 팬 그리고 자본의 관계를 체계적으로 정리, 분석하여 스포츠를 사회와 문화라는 보다 큰 영역에서 바라볼 수 있도록 도와줍니다.

이 책을 읽고 우리가 어떻게 스포츠 자본을 보아야 할지에 대해 바른 시각을 갖게 되기를 바랍니다. 그리고 스포츠에 대한 관심이 더욱 커졌으면 합니다. 또한 여러분이 좋아하는 스포츠나 운동선수, 팀과 함께 여러분의 삶이 더욱 행복하여 즐거웠으면 합니다.

경희대학교 체육대학 교수, 스포츠 산업 경영 연구소 소장 **김도균**

들어가며 : 스포츠 세계의 불평등

2014년 5월 스페인 유명 축구 팀 FC 바르셀로나는 세계적인 축구 선수 리오넬 메시와 재계약에 성공했습니다. 2018년까지 FC 바르셀로나에서 선수 생활을 하는 대신 연봉으로 약 585억 원을 지급한다는 조건이었습니다. 이 계약으로 메시는 전 세계 축구 선수 중 연봉을 가장 많이 받는 선수라는 기록을 남겼습니다.

텔레비전에 나오는 스타 선수를 보며 운동 선수의 꿈을 키우는 아이들이 많다.

메시를 비롯해 수백억 원대의 연봉을 받는 스포츠 스타가 여럿 있습니다. 여기에 기업 후원과 광고 수입까지 합치면 이들이 벌어들이는 돈의 액수는 상상을 초월하지요. 하지만 모든 운동선수가 거액을 버는 것은 아닙니다. 월급은커녕 열악한 환경에서 겨우 훈련을 받는 선수들도 많아요. 같은 운동 선수인데도 이처럼 수입의 격차가 벌어지는 이유는 무엇일까요? 그 원인은 현대 프로 스포츠계의 구조에 있습니다.

프로 스포츠

우리가 일상생활에서 즐기는 운동을 스포츠라고 합니다. 친구와 운동장에서 공을 차고 노는 것이나 자전거를 타는 것 모두 스포츠지요. 하지만 우리는 스포츠를 하는 대가로 돈을 받지는 않습니다. 반면 프로 스포츠 선수는 운동을 직업으로 삼고 경기에 참가하는 대가로 돈을 받지요.

프로 스포츠에서 돈을 버는 사람은 운동 선수만이 아닙니다. 스포츠 관련 사업가나 팀을 운영하는 구단주, 경기를 중계하는 방송국, 대회를 개최하는 단체 등 다양한 사람들이 스포츠를 통해 수익을 거두지요.

프로 스포츠와 관련된 사람들은 어떻게 돈을 버는 걸까요? 이들에게 수입을 가져다 주는 원천은 바로 팬입니다. 어떤 운동 선수나 스포츠 종목을 좋아하는 팬은 경기를 관람하기 위해 관람권을 구매합니다. 또 자신이 응원하는 팀의 유니폼이나 모자를 구입하지요. 스포츠 팀은 이렇게 팬에게 경기 관람권이나 관련 물품을 판매하여 얻은 수익으로 운영됩니다. 또 경기장에 직접 찾아가는 대신 텔레비전으로 경기를 시청하는 팬도 많습니다. 방송국은 이들을 위해 스포츠 구단이나 리그에 거액을 지불하고 경기 중계권을 따냅니다. 또한 광고주는 시청자에게 자신의 제품을 홍보하기 위해 방송국과 팀에게 광고료를 지불하지요.

팬이 팀이나 방송국 등에게 벌어다 주는 수익은 어마어마합니다. 예를 들어 영국 축구 팀인 맨체스터 유나이티드가 2012년 한 해 경기 관람권 판매로 거둔 수입만 해도 약 1,730억 원에 달합니다. 팬의 경제적 파급력은 인기가 많은 종목일수록 큽니다. 인기가 많다는 것은 그만큼 경제적 이익을 가져다줄 팬이 많다는 것을 뜻하니까요. 따라서 기업은 인기 종목에 후원을 하거나 광고를 집행하여 확실한 홍보 효과를 거두려고 합니다. 반면 비인기 종목에는 광고를 해도 효과가 없기 때문에 자본을 투자하지 않지요. 방송국도 마찬가지입니다. 인기 종목은 시청률이 좋지만 비인기 종목의 시청률은 높지 않습니다. 그래서 인기 종목은 수천억 원을 지불하면서 중계를 하지만 비인기 종목은 뉴스 보도조차 하지 않아요.

▌관람권을 사는 팬이 없으면 프로 스포츠도 없을 것이다.

인기 종목과 비인기 종목 간 자본 유입 격차는 스포츠 세계에서 불평등을 야기합니다. 광고료나 기업 후원을 받는 인기 종목 선수는 이를 통해 좋은 환경에서 훈련을 받고 더욱 성장할 수 있는데 반해 비인기 종목 선수는 그렇지 못하기 때문이지요. 선수의 기량이 향상되면 더 치열한 경기를 펼칠 수 있습니다. 경기가 재미있을수록 팬이 늘어날 것이고 이에 따라 인기 종목과 비인기 종목 간 불평등은 더욱 심해질 거예요.

스포츠계에 유입되는 자본의 규모는 나날이 커지고 있습니다. 물론 앞서 이야기한 사례는 스포츠 자본의 영향력에 대한 부정적인 한 예일 뿐입니다. 자본이 스포츠의 발전에 기여한 사례도 분명 존재하지요. 그렇다면 스포츠 자본은 프로 스포츠계에서 어떤 역할을 할까요? 이 책에서는 복잡하게 얽힌 자본과 스포츠의 관계를 조목조목 살펴볼 것입니다.

스포츠와
자본의 역사

스포츠의 꽃인 올림픽은 기원전 776년경 고대 그리스에서 처음 개최되었습니다. 올림
피아에 있는 제우스 신전에서 달리기와 원반던지기, 멀리 뛰기 같은 경기를 하고 우
승자에게는 월계수 가지로 만든 월계관을 주었지요.

오늘날에는 많은 사람이 취미로 스포츠를 관람하거나 운동을 합니다. 그러나 고대에는 그렇지 않았습니다. 지금처럼 생활 수준이 보편적으로 높지 않았거든요. 일을 하느라 여가 시간을 가질 여유가 없었던 고대인에게 스포츠는 사치였습니다. 따라서 여가 시간을 만끽할 여력이 있는 소수의 부유한 사람들만 스포츠를 즐겼지요. 어쩌면 처음부터 스포츠와 자본은 긴밀한 관계를 맺을 수밖에 없었는지 모르겠습니다.

올림픽의 기원

스포츠의 꽃인 **올림픽**은 기원전 776년경 고대 그리스에서 처음 개최되었습니다. 올림피아에 있는 제우스 신전에서 달리기와 원반던지기, 멀리뛰기 같은 경기를 하고 우승자에게는 월계수 가지로 만든 **월계관**을 주었지요. 또한 우승자의 모습을 본뜬 동상을 만들고 우승자를 배출한 도시는 우승자에게 크게 포상했습니다.

올림픽은 신을 기리기 위한 목적으로 치러졌습니다. 하지만 여기에도 자본이 밀접하게 관계되어 있습니다. 올림픽에서 자본과 스포츠 간의 관계는 전차 경기에서 적나라하게 드러납니다. 전차 경기는 말 여러 마리가 끄는 전차로 승부를 가리는 스포츠인데 말을 키우고 훈련시키려면 자본이 많이 들 수밖에 없습니다. 이처럼 전차 경기는 **부유층**만이 향유할 수 있는 스포츠였습니다. 하지만 이들 부유층이 직접 전차 경기에 참가하지는 않았지요. 전차 경기는 사고가 일어날 가능성이 높고 사고가 나면 중상이거나 사망할 경우가 많기 때문에 부유층은 자신들 대신 전차 경기에 나갈 사람을 고용했어요. 또 추가 자본이 들어간다는 얘기입니다.

검투사

고대 그리스의 스포츠처럼 고대 로마의 스포츠에도 종교적 의미가 깃들어 있었습니다. 고대 로마에서는 검투사가 다른 검투사나 맹수와 칼로 격투를 벌이는 시합이 유행했는데, 검투사 시합은 원래 죽은 전사에게 경의를 표시하는 장례 의식의 일부였습니다. 하지만 나중에는 종교적 의미보다 오락의 성격이 짙어져 많은 로마 시민이 관람할 수 있도록 콜로세움 같이 큰 원형 극장이나 경기장에서 치러졌어요.

검투사 시합의 인기가 높아지자 로마의 정치인은 시민의 지지를 얻기 위해 시합에 많은 자본을 투자했습니다. 이에 따라 검투사 시합은 점점 과격해졌습니다. 경기가 자극적일수록 더 시민들이 열광했기 때문이지요. 시합에 참가한 검투사는 범죄자나 노예인 경우가 많았습니다. 경기에서 승리하면 유명세를 얻고 부자가 될 수 있었지만 경기의 패배는 검투사에게 곧 죽음을 의미했습니다.

고대의 스포츠는 전쟁과도 밀접한 관련이 있습니다. 군인이 받던 훈련

스포츠를 재미있게 하기 위해 사람의 목숨을 이용하는 것은 잔인한 짓이다. 하지만 로마인에게 검투사 시합을 보러 콜로세움에 가는 것은 오늘날 축구 경기를 보러 경기장을 찾는 것과 같은 의미였다.

이 스포츠가 된 경우가 많기 때문입니다. 대표적인 예로 창던지기와 **펜싱**, 활쏘기가 있지요.

근대의 스포츠

오늘날 인기 있는 스포츠 중 상당수는 17세기와 18세기 서구의 부유층을 중심으로 발전되었습니다. 특히 이튼 스쿨이나 럭비 스쿨과 같은 영국의 유명 사립 학교에서 발달되었지요. 럭비 스쿨의 이름을 그대로 따 럭비라는 스포츠 종목이 만들어지기도 했어요.

축구도 영국의 사립 학교에서 시작된 스포츠입니다. 원래 공을 발로 차서 상대편의 골대에 넣는 놀이는 고대부터 인류가 즐긴 스포츠였습니다. 하지만 1840년대 영국 축구 협회가 명확한 경기 규칙을 제정하면서 현대식 축구가 탄생했고 축구는 곧 세계적인 스포츠로 널리 사랑을 받게 되었습니다. 초기의 축구는 엄격하게 따지면 **아마추어** 스포츠였습니다. 경기를 통해 수익을 거두려는 의도가 전혀 없었기 때문이지요. 하지만 프로 축구 선수와 프로 축구 리그가 등장하면서 축구와 자본의 밀월 관계가 시작되었습니다.

한편 농구는 1891년 미국의 대학에서 생겨났습니다. 농구를 처음 고안한 사람은 제임스 네이스미스라는 체육 교사지요. 그는 겨울에 학생들이 실내에서 할 수 있는 운동을 궁리하다 농구를 만들었어요. 또한 영국에서 유행하던 **라운더스**라는 스포츠가 1845년경 미국으로 전파되어 규칙이 변경되면서 현대의 야구가 탄생했습니다.

알아두기

스포츠를 직업으로 삼는 운동 선수를 프로 선수라고 하며 프로 선수들이 하는 경기를 프로 스포츠라고 한다. 반면 아마추어 선수는 스포츠를 본업으로 삼지 않고 취미로 즐기는 사람을 말한다.

프로 스포츠의 탄생

17세기 후반에 시작된 산업 혁명은 서구 사회를 바꾸어 놓았습니다. 영국에서 시작된 변화의 물결은 미국과 다른 유럽 국가로 퍼져나갔지요. 산업 혁명으로 인해 농민들이 도시로 몰려오면서 도시가 발전했고 시민들의 기초적인 생활 수준이 향상되어 많은 사람들이 여가 생활을 즐기게 되었습니다. 이에 따라 스포츠가 오락 거리로 인기를 얻었고 축구 클럽, 야구 클럽 같은 다양한 스포츠 클럽이 도시 곳곳에서 만들어졌습니다.

처음에 스포츠 클럽을 구성한 선수들은 평상시에는 일을 하고 쉬는 날에 경기를 하는 아마추어 선수였습니다. 그래서 선수가 일을 하지 않는 토요일 오후에 경기가 열렸지요. 이들은 보수를 받지 않고 경기에 참가했습니다. 물론 경기 관람도 무료였지요. 하지만 경기의 인기가 높아지자 경기 개최자가 관람권을 판매하기 시작했습니다. 스포츠 클럽의 팀은 이렇게 얻은 수익으로 선수에게 출전비를 지급하고 다른 팀에서 실력 있는 선수를 영입했지요.

영국에서는 1800년대 말부터 프로 축구 선수가 등장했습니다. 야구의 경우 1871년에 최초로 프로 리그가 생겼지요. 초기 프로 스포츠 팀에서는 구단주에게 모든 권력과 자본이 집중되었습니다. 선수는 경기를 통해 명성을 얻을 수 있었지만 정작 돈은 많이 벌지 못했어요.

축구, 야구에 이어 다른 스포츠에서도 곧 프로 선수가 등장했습니다. 이에 따라 돈을 받고 경기에 참가하는 프로 선수와 돈을 받지 않는 아마추어 선수 간에 긴장이 팽팽해졌습니다. 아마추어 선수들은 돈 때문에 경기를 뛰는 것은 진정한 스포츠 정신이 아니라며 프로 선수를 비판했지요.

세계적인 인기를 끌고 있는 축구는 영국에서 시작되었다. 이 사진은 1868년 영국 해로우 축구 팀의 모습이다.

반면 프로 선수들은 자신의 실력과 노력에 대한 정당한 보상일 뿐이라고 반박했습니다. 이러한 갈등이 심화되자 일부 스포츠에서는 아마추어 선수와 프로 선수를 구분 짓는 별도의 기관이 등장했습니다.

세계로 확산되는 스포츠의 인기

1800년대 스포츠의 인기는 국경을 초월했습니다. 영국에서 창시된 스포츠인 **크리켓**은 호주, 인도, 남아프리카공화국 등 한때 영국의 식민지였던 국가로 확산되었어요. 또한 축구는 경기 규칙이 간단하고 공 하나만 있으면 할 수 있다는 장점에 힘입어 높은 인기를 누리며 전 세계로 널리 퍼져나갔습니다. 한편 미국에서 탄생한 야구는 미국의 정치적 영향권에 올림픽에서 농구는 원래 프로 선수가 출전할 수 없는 종목이었다. 그러다 1992년 바르셀로나 올림픽부터 규정이 바뀌어 프로 선수도 올림픽에 참가할 수 있게 되었다. 이에 따라 농구의 인기도 한층 높아졌다. 농구가 인기를 얻게 된 배경에는 '드림 팀'으로 불린 미국 국가 대표 팀의 활약이 컸다. 올림픽에 출전한 미국 국가 대표 팀은 미국 프로 농구 협회(NBA, National Basketball Association) 소속 스타로 구성된 팀이었다. 프로 선수로 구성된 드림 팀은 아마추어 선수로 구성된 다른 국가 대표 팀을 쉽게 이길 수 있었고, 세계 최고의 선수가 세계인의 축제, 올림픽에 등장하자 모두가 열광했다.

1992년 바르셀로나 올림픽에서 농구 종목 금메달은 미국의 드림 팀에게 돌아갔다.

있던 쿠바와 일본으로 확산되었지요.

20세기 후반이 되자 스포츠에 대한 관심이 세계적으로 높아졌습니다. 언론 매체가 발달하여 전 세계로 경기를 중계할 수 있게 되었기 때문입니다. 또한 새로운 국가나 **시장**으로 진출해 팬을 확보하려는 스포츠계의 노력이 있었지요.

프로 선수

20세기로 접어들면서 전 세계인이 스포츠 소식에 귀를 기울였고 경기를 관람하러 온 팬으로 경기장이 가득 찼습니다. 또한 위성 방송이 널리 퍼지면서 외국에서 하는 경기를 실시간으로 볼 수 있게 되자 스포츠에 열광하는 사람이 더 많아질 수 밖에 없었지요. 프로 스포츠의 대중화와 함께 스포츠 세계에 유입되는 자본이 증가하면서 돈과 상관없이 순수하게 스포츠를 즐겨야 한다는 아마추어 정신도 희석될 수밖에 없었고요.

프로 스포츠의 인기가 날로 상승했지만 올림픽 대회는 계속 아마추어 정신을 중시하며 프로 선수 출전 금지 규정을 고집했습니다. 하지만 프로 선수들은 규정을 교묘하게 피해가며 올림픽에 출전했습니다. 예를 들어 소비에트 연방 공화국을 비롯한 일부 국가의 선수들은 법적으로 군인 신분이었는데 사실상 급여를 받는 프로 선수였습니다. 또한 훈련 장학금이라는 명목으로 선수에게 급여를 주는 경우도 있었습니다. 이렇게 프로 선수의 모습이 다양하고 복잡한 형태를 띠어 누가 프로 선수인지 아마추어 선수인지 규정짓기가 많이 어려워졌습니다.

또 시간이 흐를수록 프로 스포츠의 인기는 높아졌습니다. 이에 따라 국제 올림픽 위원회(IOC, International Olympic Committee)도 입장을 바꾸었습니다. 프로 선수가 올림픽에 출전하는 것을 허용한 것입니다. 아직도 복싱처럼 출전을 제한하는 종목이 있기는 하지만 이제는 프로 선수도 올림픽에 참가할 수 있어요.

　프로 선수의 입지가 굳어지면서 스포츠계의 운영 방식에도 많은 변화가 찾아왔습니다. 가장 큰 변화는 스포츠계의 중심축이 팀에서 선수 개인으로 이동했다는 점입니다. 예를 들어 미국 메이저 리그 야구 선수 노동조합(MLBPA, Major League Baseball Players Association) 은 여러 차례 파업을 해서 선수의 평균 **연봉**을 상승시켰습니다. 조합에 속한 선수들은 1994년에서 1995년까지 연봉 인상 제한에 반대하여 경기에 출전하지 않았습니다. 이 파업으로 921회의 경기가 취소되었으며 월드 시리즈가 중단되는 사태가 벌어졌습니다. 파업이 끝난 뒤 미국 프로 야구 선수의 연봉 인상 제한은 철폐되었고 평균 연봉은 대폭 상승했습니다. 1974년 미국 프로 야구 선수의 평균 연봉은 약 1억 9,000만 원이었는데 2013년에는 약 35억 9,000만 원이 되었지요.

　전문가 의견

　오늘날 올림픽은 20세기 **물질주의**에 대항하는 혁명이다. 즉 결과가 아닌 과정에 헌신하는 것이다.

　　　　　　　　　　　　　　　　－ 에브리 브런디지 전 국제 올림픽 위원회 위원장,
　　　　　　　　　　　올림픽 출전권을 아마추어 선수에게만 주어야 한다는 연설 중에서

- 스포츠는 자본과 밀접한 관계를 맺으며 발전했다.
- 고대의 스포츠는 종교적 의미를 지녔지만 시간이 흐르면서 유흥의 성격을 띠었다.
- 근대에는 부유층 자녀가 다니는 사립 학교를 중심으로 축구, 농구, 럭비 등 다양한 스포츠가 발전되었다. 산업 혁명 이후에는 여가 시간에 스포츠를 즐기는 사람이 많아지면서 프로 스포츠가 탄생했다.

2
CHAPTER

운동 선수와
스포츠 자본

텔레비전에 중계되는 스포츠 경기를 보면서 '언젠가 나도 저 선수처럼 될 거야.'라고 생각해 본 적 있을 거예요. 하지만 꿈을 실현하는 사람이 많지는 않습니다. 프로 선수가 되는 길이 워낙 험난하기 때문이지요. 스포츠 스타를 꿈꾸는 사람 중 극소수만이 꿈을 이룹니다.

텔레비전

에 중계되는 스포츠 경기를 보면서 '언젠가 나도 저 선수처럼 될 거야.'라고 생각해 본 적이 있을 거예요. 하지만 꿈을 실현하는 사람이 많지는 않습니다. 프로 선수가 되는 길이 워낙 험난하기 때문이지요. 스포츠 스타를 꿈꾸는 사람 중 극소수만이 꿈을 이룹니다.

2009년 포르투갈 축구 선수인 크리스티아누 호날두는 역사상 최고의 몸값을 자랑하는 선수로 등극했다. 스페인의 프로 축구 팀인 레알 마드리드는 호날두가 자신의 팀으로 이적하는 조건으로 이전 소속 팀 맨체스터 유나이티드에게 약 1,600억 원을 지불했다.

스포츠 선수 연 소득 순위

1. 타이거 우즈(미국 골프 선수): 약 890억 원
2. 플로이드 메이웨더(미국 권투 선수): 약 114억 원
3. 코비 브라이언트(미국 농구 선수): 약 85억 원
4. 필 미켈슨(미국 골프 선수): 약 82억 원
5. 데이비드 베컴(영국 축구 선수): 약 78억 원

＊출처:《포브스》(2010)

프로 선수는 어떻게 돈을 벌까요?

프로 선수가 되는 데 필요한 첫 번째 조건은 재능입니다. 프로 스포츠 팀은 승리를 이끌고 팬을 끌어모을 유능한 선수를 원합니다. 그래야 돈을 더 많이 벌 수 있기 때문입니다. 따라서 프로 스포츠 팀을 운영하는 구단주는 많은 돈을 들여서라도 최고의 선수를 데려오려고 하지요. 특히 테니스나 골프 같은 개인 스포츠에서 이러한 경향이 심합니다.

인기가 많은 선수는 매우 높은 연봉을 받습니다. 또한 팀을 대표하여 각종 행사에 모습을 드러내거나 경기에 참여할 때마다 제공되는 출전 사례금, 대회 우승 상금으로도 돈을 벌지요. 상금은 종목마다 액수가 달라요. 예를 들어 **윔블던** 테니스 대회의 우승 상금은 약 19억 6,000만 원입니다. 하지만 우승 상금이 한 푼도 없는 대회도 많습니다. 한편 광고로 돈을 버는 선수들도 있습니다. 러시아 테니스 선수인 마리아 샤라포바

가 2010년에 번 돈은 약 27억 원인데 그중 상금 수익은 약 10억 7,000만 원에 불과합니다. 나머지는 나이키와 소니 등 여러 회사에서 받은 광고료였지요.

팀이나 **광고주**가 스포츠 스타에게 거액을 지급하는 이유는 무엇일까요? 유명한 스포츠 스타가 참가하는 경기는 항상 팬들로 인산인해를 이루고 전 세계로 생중계됩니다. 또한 이들이 착용한 **유니폼**이나 운동화는 불티나게 팔리지요. 기업들의 스포츠 스타를 이용한 홍보 효과와 이를 통해 창출되는 경제적 이익은 상상을 초월합니다. 따라서 광고주와 프로 스포츠 팀을 운영하는 기업가들은 많은 돈을 주어서라도 유명한 스포츠 스타와 계약하고 싶어 하지요.

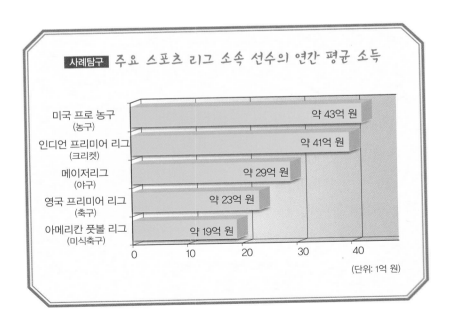

사례탐구 주요 스포츠 리그 소속 선수의 연간 평균 소득

- 미국 프로 농구 (농구) 약 43억 원
- 인디언 프리미어 리그 (크리켓) 약 41억 원
- 메이저리그 (야구) 약 29억 원
- 영국 프리미어 리그 (축구) 약 23억 원
- 아메리칸 풋볼 리그 (미식축구) 약 19억 원

(단위: 1억 원)

에이전트와 커미셔너

스포츠 에이전트란 선수를 대신하여 이적, 광고 계약 등을 체결하고 스포츠 기관과의 관계를 관리하는 사람을 말합니다. 에이전트는 계약과 연봉 협상을 진행하는 대신 선수의 수익에서 일정 비율을 가져갑니다. 따라서 선수가 받는 금액을 높일수록 에이전트에게 돌아오는 이익이 커지지요.

에이전트의 역할을 비판적으로 보는 사람들은 에이전트가 자신의 이익을 위해 선수의 몸값이 높아지도록 부추긴다고 주장합니다. 또한 현재 스타 선수의 이적료를 천정부지로 치솟게 만들어 어려운 프로 스포츠 재정 상태를 파탄나게 만든 주범이라고 이야기하지요. 이러한 비판에 대해 에이전트는 선수가 실제 가치보다 낮게 평가되어 불이익을 받지 않도록 최선을 다하는 것뿐이라고 항변합니다.

커미셔너는 에이전트와 더불어 스포츠계에서 막강한 영향력을 발휘하는 존재입니다. 커미셔너란 프로 스포츠에서 자신이 맡은 스포츠 분야 전체를 관리하고 관계자와 협력하여 그 종목을 보호할 권한을 가진 사람을 말합니다. 스포츠계의 구성원 간에는 서로의 입장이 정반대인 경우가 많습니다. 예를 들면 구단주는 선수의 연봉을 낮추려고 하는 반면 선수는 높이려고 하지요. 커미셔너는 이러한 갈등이 발생할 경우 중재하는 역할을 합니다.

미국 프로 야구 리그인 **메이저 리그**에는 1919년 블랙 삭스 스캔들이 일어난 뒤로 커미셔너 제도가 도입되었습니다. 블랙 삭스 스캔들은 시카고 화이트 삭스 팀 소속 선수 8명이 도박꾼에게 뇌물을 받고 일부러

마크 맥코맥(1930~2003년)

마크 맥코맥은 '스포츠 마케팅의 신'으로 불리는 스포츠 에이전트다. 맥코맥은 선수 관리에 국한되었던 스포츠 에이전트의 역할을 기업 차원으로 확대했다. 그는 스포츠 스타를 대중에게 어필할 수 있는 기업 광고에 등장시켜 엄청난 수익을 거두었다. 1960년 마크 맥코맥은 IMG(International Management Group)라는 세계적인 스포츠 마케팅 회사를 설립하고 아놀드 파마라는 골프 선수와 첫 계약을 맺었다. 또한 비너스 윌리엄스와 세레나 윌리엄스 같은 테니스 선수를 비롯해 유명 스포츠 스타를 관리하여 엄청난 수익을 창출했다.

경기에서 패배한 어두운 사건이었지요. 커미셔너는 블랙 삭스 스캔들 같은 일이 다시는 일어나지 않도록 대회가 공정하게 진행되는지 감시하는 역할을 합니다.

선수 소득에 대한 논란

크리스티아누 호날두나 마리아 샤라포바 같은 스포츠 스타가 일주일 동안 버는 돈은 소방관이나 의사가 한 해 동안 버는 돈보다 많습니다. 스포츠 스타가 이렇게 엄청난 돈을 버는 것이 정당한 일일까요?

스포츠 스타가 많은 돈을 버는 것이 당연하다고 생각하는 사람들은 운동 선수의 활동 기간, 즉 선수 생명이 짧다는 것을 근거로 듭니다. 나이가 들어 체력이 저하되면 다른 선수와의 경쟁에서 뒤쳐집니다. 따라서 많은 운동 선수가 10대, 20대 때 기량을 펼치고 30대 중반이면 은퇴합니다. 경기 도중 부상이라도 당하면 활동 기간이 더 짧아지지요. 게다가 평생 운동만 해온 선수들은 은퇴를 하고 나서 다른 직업을 찾기가 어렵습니다. 따라서 스포츠 스타의 소득 증가 현상에 찬성하는 사람들은 선수들이 활동을 할 수 있는 기간 동안 최대한 많은 돈을 벌어야 한다고 말하지요. 이들은 선수가 경기에서 우승하기 위해 받는 훈련의 강도와 기울이는 노력을 생각하면 돈을 많이 버는 것이 당연하다고 이야기합니다. 또한 운동 선수가 많은 돈을 버는 만큼 대중에게 스포츠로 즐거움을 선사한다고 주장하지요.

한편 스포츠 스타가 지나치게 돈을 많이 번다고 생각하는 사람들은 일부 스타 선수와 그들의 에이전트가 자본을 독점하여 스포츠계의 불평등을 야기한다고 주장합니다. 즉 몇몇 스타 선수가 스포츠계 전체에 유

몇몇 스포츠 스타들은 자신의 부와 명성을 활용해 사회 봉사에 힘쓴다. 코트디부아르의 국가 대표 축구 팀 주장인 디디에 드로그바는 코트디부아르의 교육을 장려하는 재단을 설립했다.

세계 최고의 자동차 경주 대회인 F1의 우승 상금은 약 1,100억 원이다. 하지만 선수가 자신의 실력으로 대회에서 우승한 것인지 아니면 선수가 탄 자동차의 성능 때문에 우승한 것인지 알 수 없다며 의문을 제기하는 사람도 있다.

입되는 자본을 독식하여 비인기 스포츠 종목에 대한 지원이 줄어든다는 것이지요. 스포츠 스타의 고소득 현상에 반대하는 사람들은 일부 스포츠 스타의 자본 독점을 막으면 그 자본이 비인기 종목과 **생활 체육**에 돌아가 스포츠계 전체가 골고루 발전할 수 있다고 주장합니다. 또한 경기 관람권이 저렴해져 대중의 관심을 더 많이 끌 수 있다고 생각하지요.

불평등

프로 선수라고 다 많은 돈을 버는 것은 아닙니다. 심지어 같은 종목 선수 간에도 수입 격차가 존재하지요. 예를 들어 남성 선수는 여성 선수보다 상금을 더 많이 받습니다. 물론 테니스처럼 남녀 우승자의 상금이 같은 스포츠도 있습니다. 하지만 남성 선수의 상금이 더 많은 스포츠가 대부분이지요. 이러한 차별이 존재하는 현상에 대해 이를 지지하는 사람들은 여성 선수의 경기는 남성 선수의 경기에 비해 속도가 느리고 재미도 덜하니 상금도 적어야 한다고 주장합니다. 반면 이에 반대하는 사람들은 여성 선수도 남성 선수만큼 능력이 뛰어나다고 반박합니다. 또한 대회에서 우승했다는 것은 자신의 종목에서 최고의 위치에 있다는 것을 뜻하기 때문에 성별에 관계없이 똑같은 대우를 받을 권리가 있다고 주장하지요.

종목별로도 선수 간 임금에 차이가 있습니다. 대중적인 스포츠인 축구나 농구, 야구에서는 거액의 연봉을 받는 선수가 많습니다. 하지만 대중적이지 않은 종목에서는 실력이 뛰어나도 경제적으로 여유가 없

2010년에 최고의 수입을 기록한 여성 운동 선수는 테니스 선수 마리아 샤라포바로 약 27억 원을 벌어들였다.

패럴림픽으로 유입되는 자금은 거의 없다. 패럴림픽 선수는 스포츠에 대한 사랑과 승리를 향한 의지만으로 경기에 출전한다.

는 선수가 많습니다. 이러한 비인기 종목 선수는 올림픽에 출전하더라 도 인기 종목의 스타 선수만큼의 높은 수입은 꿈도 꿀 수 없습니다. 이 들이 자신들의 경제 상태를 개선시키기 위해서는 올림픽이나 **패럴림픽** (Paralympic, 신체 장애인 올림픽)에서 우승해야 합니다. 대회에서 금메달 을 따야만 그나마 대중의 관심을 끌어 돈을 벌 수 있기 때문이지요. 하 지만 인기가 없는 종목은 재정적 지원이 적기 때문에 변변한 경기장이 나 운동 기구조차 없어 훈련에 어려움을 겪는 실정입니다.

종목마다 유입되는 자본의 차이를 보면 선수가 재능이나 노력만으로 성공하고 대중의 인기를 얻어 경제적으로 여유를 누리는 것은 아니라는 점을 알 수 있습니다. 예를 들어 미국에서 축구와 농구 같은 인기 스포츠는 직접 경기장을 찾는 관중의 수가 매년 수천만 명 이상이며 집에서 텔레비전으로 경기를 시청하는 사람도 경기당 수백만 명이나 됩니다. 이와 같은 대중의 지지에 힘입어 인기 종목 선수의 몸값은 천정부지로 뜁니다. 반면 비인기 종목인 **조정**이나 수영 선수는 성적이 아무리 좋아도 방송 **중계료**나 후원금, 연봉을 그만큼 받을 수 없습니다.

자본이 선수에게 미치는 영향

대회에서 우승컵을 차지하는 일은 큰 영광입니다. 팀이 대회에서 우승하려면 실력이 좋은 선수가 필요하지요. 따라서 스포츠 팀 운영자는 장차 훌륭한 선수가 될 소질이 보이는 스포츠 영재를 발굴하려고 노력합니다.

존 월은 학창 시절에 이미 차세대 농구 스타로 주목받았다. 미국 켄터키 대학교에서 3년 동안 맹활약을 펼친 그는 2009~2010년 시즌에서 NBA 드래프트 (Draft, 스포츠 프로 팀에서 매년 대학 선수들을 대상으로 선수를 선발하는 것) 1순위로 지목되었다.

팀이 어린 선수를 영입하는 것에는 경제적 요인도 있습니다. 영재를 발굴해 훈련을 시켜 팀을 꾸리면 나중에 어마어마한 이적료와 연봉을 지불하면서 다른 팀 선수를 데려오지 않아도 되기 때문이지요. 또한 어린 선수가 성장하면 다른 팀에 큰돈을 받고 '팔아 넘길' 수 있습니다. 특히 경제적 여유가 없는 무명 팀은 광고를 계약하거나 팬이 생길 확률이 낮아서 어린 선수를 키워서 이적시키는 것으로 팀을 유지합니다. 한편 부유한 팀은 차세대 글로벌 스타를 양성할 목적을 가지고 가난한 지역의 스포츠 영재에게 투자하기도 하지요.

하지만 스포츠계의 영재 육성 경향이 어린 선수에게 긍정적인 영향을 미치는지에 대해 많은 사람이 의문을 제기합니다. 어린 선수들은 훈련 때문에 학업을 포기하는 경우가 많습니다. 하지만 이러한 선수가 모두 성공하는 것은 아닙니다. 학업을 포기하며 운동을 했는데 부상을 당

인물탐구 마르티나 힝기스(1980년~)

스위스의 테니스 요정인 마르티나 힝기스는 3세부터 테니스를 시작했다. 14세에 프로 선수로 전향해서 1997년에 고작 16세의 나이로 세계 4대 그랜드 슬램 테니스 대회 가운데 하나인 호주 오픈에서 여자 단식 우승을 차지했다. 1887년 15세의 나이로 윔블던에서 우승했던 샤롯 도드 이후 110년 만에 등장한 최연소 여자 단식 챔피언이었다. 이뿐만 아니라 다른 그랜드 슬램 대회인 윔블던과 U.S. 오픈까지 **석권**하며 여자 테니스계를 평정했다.

10대 테니스 요정으로 대기록을 남긴 뒤 힝기스는 부상을 여러 번 당했다. 2003년 부상을 이유로 은퇴했다가 2005년 복귀한 힝기스는 2007년 윔블던 대회 도중 코카인 양성 반응이 나와 다시 은퇴했다. 약물 복용을 부인한 힝기스는 27세 때 "최고의 선수가 되기에는 너무 나이가 많다."는 말을 하기도 했다. 힝기스로 인해 여자 테니스계는 14세 이하 선수가 메이저 대회에 출전하지 못하도록 규정을 바꾸었다. 또한 15세에서 17세 사이의 선수가 출전할 수 있는 시합의 수에 제한을 두었다.

하거나 실력이 뒤쳐져 성공하지 못했을 경우 이들의 미래는 어떻게 되는 걸까요?

운 좋은 몇몇 선수는 자신의 분야에서 최고가 되어 거액의 연봉을 받는 스포츠 스타가 되기도 합니다. 하지만 그렇게 되기까지 엄청난 심리적 압박감에 시달리지요. 또한 올바른 인격을 형성하는 데 꼭 필요한 사회 경험과 교육을 받지 못하는 경우도 많습니다. 이로 인해 방탕한 생활에 빠지는 선수가 종종 있지요. 한편 스포츠 스타가 된 뒤 쏟아지는 관심에 어떻게 대처해야 하는지 몰라 혼란을 겪는 선수도 있습니다. 과연 스포츠 팀의 영재 육성 프로그램이 어린 선수에게 긍정적 영향만을 끼칠까요?

전문가 의견

나는 운이 아주 좋았다. 어린 나이에 입단할 수 있었기 때문이다. 어릴 때부터 매니저에게 축구 선수의 삶이 얼마나 멋진지 귀가 따갑도록 들었다. 물론 그 말이 맞긴 했다. 하지만 그렇게 되기까지 과정은 너무나 힘들었다.

– 크리스 건터 영국 축구 선수

간추려 보기

- 프로 스포츠 선수는 소속 팀에서 지급하는 연봉, 출전 사례금, 대회 우승 상금, 광고료 등을 통해 돈을 번다.
- 스포츠 스타의 고소득 논란에 대해 이에 찬성하는 사람들은 스타가 되기까지 들인 노력과 짧은 선수 생명 등을 고려하면 그만한 보상을 받는 것이 당연하다고 생각한다. 반면 이에 반대하는 사람들은 일부 스타 선수들이 스포츠계에 유입되는 자본을 독점하여 선수 간 불평등을 초래하고 스포츠 정신을 해친다고 주장한다.

팬과 스포츠 자본

경기장에서 직접 경기를 관람하는 사람뿐만 아니라 집에서 텔레비전으로 경기를 관람하는 사람 모두가 관중입니다. 프로 스포츠에서 관중은 선수만큼 중요하지요. 프로 스포츠가 발전하려면 관중이 많아야 합니다. 관중이 없으면 선수는 거액의 연봉을 받을 수 없고 방송사 또한 값비싼 중계료를 낼 수 없습니다.

경기장에서

직접 경기를 관람하는 사람뿐만 아니라 집에서 텔레비전으로 경기를 관람하는 사람 모두가 관중입니다. 프로 스포츠에서 관중은 선수만큼 중요하지요. 프로 스포츠가 발전하려면 관중이 많아야 합니다. 관중이 없으면 선수는 거액의 연봉을 받을 수 없고 방송사 또한 값비싼 중계료

미국에서는 최근 몇 년 동안 미식축구 경기장을 찾는 관람객이 다소 줄어들었다. 스포츠계 종사자는 사람들이 경기장을 찾지 않고 텔레비전으로 경기를 보는 현상에 우려를 표한다.

를 낼 수 없습니다.

관중의 수는 **스폰서**와 광고주에게도 큰 영향을 끼칩니다. 수백만 명이 보는 경기가 있다고 생각해 보세요. 그렇게 많은 사람이 보는 경기에 광고를 한다면 자사의 제품이나 브랜드, 서비스 등을 널리 알릴 수 있겠지요.

팬 충성도

사람들이 음식이나 옷 또는 다른 물건을 구매할 때 특별한 이유가 없다면 질이나 가격 등에 따라 그때그때 다른 제품을 구매할 거예요. 이러한 경우 브랜드에 대한 '**충성도**'가 낮다고 표현하지요. 하지만 스포츠 팀의 팬은 충성도가 높은 편입니다. 일단 어느 팀의 팬이 되면 대개 그 팀을 꾸준히 그리고 열렬히 응원하니까요.

팀 운영자는 팬의 충성심을 수익을 창출하는 데 이용합니다. 대표적으로 경기 관람권을 판매하는 방법이 있지요. 영국 프로 축구 리그의 입장권은 한 경기에 약 5만 원이 넘습니다. 하지만 자신이 좋아하는 팀의 경기를 보기 위해서라면 거금을 기꺼이 지불하는 팬들도 많지요.

입장권 판매가 수익의 전부는 아닙니다. 팀의 유니폼이나 응원 도구를 팬에게 판매하여 수익을 거두기도 하지요. 진정한 팬이라면 당연히 이러한 용품을 구매하고 싶을 테니까요. 통계에 따르면 영국 프로 축구 스포츠 팬이 관련 상품과 입장권을 구입하는 데 사용하는 비용은 연간 평균 약 23만 원에 달합니다. 이에 대해 어떤 사람들은 팀이 팬의 마음을 이용하여 상술을 펼친다고 비난합니다. 하지만 팀은 팬이 자발적으로 제품을 구매하는 것일 뿐 충성심을 이용한 적은 없다고 항변하지요.

팬이 필요한 스포츠 팀 운영자

구단주가 팬을 중요시하는 이유는 단순히 관람권이나 팀 관련 상품 판매 수익 때문만이 아닙니다. 팀 운영자는 텔레비전 중계 방송에 자신의 팀을 응원하는 팬으로 가득 찬 경기장을 내보내고 싶어 합니다. 그래야 광고를 더 많이 계약할 수 있고 지원을 받을 수 있으니까요. 이들은 특히 올림픽이나 월드컵 같은 대규모 스포츠 행사에서 빈 좌석이 보이지 않도록 혼신의 힘을 기울입니다.

스포츠 팀이 팬을 끌어 모으는 방법 중 하나는 **연고지**를 설정하는 것입니다. 연고지란 스포츠 팀이 기반을 둔 지역을 뜻하지요. 가령 영국의 유명 축구 팀인 맨체스터 유나이티드의 연고지는 영국 북서부에 위치한 맨체스터라는 도시며, 스페인의 레알 마드리드라는 축구 팀의 연고지는 스페인의 수도 마드리드입니다. 이렇게 연고지를 두는 이유는 팀이 지역에 기반을 두어야 팬들을 훨씬 똘똘 뭉치게 할 수 있고, 군중 심리에 호소하게 되어 더 흥분될 수 있다고 생각하고 또 많은 관중을 동원하기가 그만큼 쉽기 때문이지요. 그런

르브론 제임스가 미국 전역으로 생중계되는 방송에서 이적 결정을 발표하자 팬들은 엄청난 충격을 받았다.

2005년 글레이저 가문이 영국 축구 팀 맨체스터 유나이티드를 거액에 인수하자 팬들은 자본이 스포츠를 잠식했다며 비판했다.

데 스포츠 팀이 모두 다른 연고지를 두는 것은 아닙니다. 예를 들어 셀틱 FC와 레인저스라는 축구 팀은 모두 스코틀랜드의 글래스고라는 도시를 연고지로 두고 있지요. 이러한 경우 각 팀은 지역 주민의 전폭적인 지지를 받기 위해 치열하게 경쟁합니다. 심지어 어떤 팀은 새로운 시장을 개척하기 위해 연고지를 옮기기도 하지요. 하지만 최근 들어서는 부유한 외국인 사업가가 팀을 인수하는 경우가 많아 연고지로 팬을 끌어모으는 전략이 통하지 않을 때도 많습니다. 대표적으로 영국의 축구 팀인 맨체스터 시티 FC가 있지요.

다른 방법도 있습니다. 다른 팀에서 실력이 좋은 선수를 영입하거나 다른 팀이 자기 팀의 우수한 선수를 데려가지 못하게 붙잡아 두는 것이지요. 스포츠 팬이 가장 중요하게 생각하는 것은 바로 자신이 지지하는 팀의 승리입니다. 자신이 좋아하는 팀이 경기에서 패배하기를 바라는 팬은 없지요. 또한 대회에서 우승컵을 자주 거머쥘수록 그 팀의 팬은 점점 많아질 것입니다. 따라서 스포츠 팀은 거액의 연봉과 계약금을 제시하며 다른 팀에서 선수를 영입하고 소속 선수를 붙잡아 두지요.

무지막지한 자본을 투자하여 스타 선수를 영입하는 것이 팀의 발전에는 도움이 될지도 모릅니다. 하지만 결과적으로는 스포츠계 전체의 발전을 저해할 수 있습니다. 사람들은 선수가 재산이나 학벌과 관계없이 오로지 피땀 어린 노력으로 우승을 쟁취하는 모습을 보고 스포츠에 열광합니다. 노력을 통해 우승컵을 거머쥔 선수가 기뻐하는 모습을 보

네덜란드 팬이 남아프리카공화국에서 열린 2010년 월드컵에서 오렌지 셔츠를 입고 자국 팀을 응원하고 있다. 오렌지 셔츠는 일명 '오렌지 군단'이라고 불리는 네덜란드 축구 팀을 상징한다.

일본 어린이가 일본에서 열리는 미국 야구 경기를 보러 왔다. 미국의 뉴욕 양키즈 팀의 팬인 이 소년은 양키즈 팀의 일본 원정 경기를 보러 온 것이다.

며 사람들은 사회적 불평등에서 느끼는 스트레스를 해소하고 카타르시스를 느끼지요. 그런데 선수 영입 경쟁이 과열될수록 부유한 팀은 거액을 지급하고 스타 선수로 선수 명단을 채워 갈 것입니다. 반대로 가난한 팀은 부유한 팀에 실력이 좋은 선수를 계속해서 빼앗기고 말 테지요. 결국 최고 선수를 영입하여 팀 전체의 실력이 향상된 부유한 팀이 대회에서 자주 우승할 것입니다. 이러한 결과가 이어지면 사람들은 스포츠에서도 자본에 의해 불평등이 생긴다는 것을 느끼고 공정한 룰과 선수들의 노력에 의해 결정되는 승리와 패배에 대한 카타르시스를 더는 느끼지 못하고 스포츠에 흥미를 잃을 거예요. 이러한 사태를 막기 위해 농구 같은 일부 스포츠 종목에서는 '연봉 총액 상한 제도'를 시행하고 있어요. '샐러리 캡(Salary cap)'이라고도 부르는 이 제도는 한 팀 내 선수들의 연봉 총액이 일정액을 넘지 못하도록 제한하지요.

프로 스포츠에서 팬은 없어서는 안 될 요소입니다. 선수는 팬의 응원을 받으며 더욱 힘을 얻어 좋은 경기를 펼칩니다. 또한 스포츠 팀은 팬이 있어야 수익을 얻고 팀을 유지할 수 있지요. 하지만 팬을 확보하기 위해 선수를 영입하는 데 막대한 자본을 투입하는 일이 과연 스포츠를 발전시키는 일일까요?

리그와 팀

리그란 여러 팀이 돌아가면서 대전하여 최종 우승자를 가리는 경기 방식입니다. 대회에 참가한 팀의 모임을 말하기도 합니다. 리그가 가장 활성화된 스포츠는 **미식축구**입니다. 미국의 미식축구 리그인 내셔널 풋볼 리그(NFL, National Football League)는 1920년 같은 지역 팀으로 구성된 단일 리그로 시작되었습니다. 그러다 1933년 동부와 중부지구 리그로 나뉘면서 미국 각 지역을 대표하는 여러 팀으로 구성되었고 각 팀을 '프랜차이즈'라고 불렀지요. NFL은 새로운 프랜차이즈가 추가될 때마다 운영 방식이 바뀌고 확장되었습니다. 프랜차이즈는 때로 다른 도시로 이동하기도 했어요.

한편 리그가 아닌 개별 팀에 영향력이 집중된 스포츠도 있습니다. 대표적으로 축구가 있지요. 축구에서는 여러 팀이 리그에서 함께 경기를 뛰지만 리그 자체보다 개별 팀이 영향력을 더 많이 가집니다.

스포츠계는 전 세계의 팬을 확보하고 자신의 팀과 리그를 세계적인 브랜드로 키우고자 노력합니다. 예를 들어 NFL은 미국의 리그지만 매년 영국 웸블리 스타디움에서 대회를 개최해서 유럽 팬을 확보하려고 합니다. 또한 영국 프리미어 리그에 소속된 축구 팀들은 미국과 아시아 국가에서 정기적으로 시합을 열지요. 한편 F1 같은 자동차 경주 대회 역시 아랍과 중국 등 아시아 지역의 국가에서 시합을 합니다.

예전에 리그와 팀은 연고지 주민으로 선수를 구성했습니다. 하지만 현재는 다른 지역이나 외국인 선수를 영입해 팀을 구성하는 경우가 많아졌습니다. 외국인 선수가 팀에 소속되면 그 선수가 태어난 국가의 국민은 자연스럽게 그 팀에 관심을 가집니다. 한국인 축구 선수 박지성이 영국 축구 팀인 맨체스터 유나이티드에 들어간 뒤 한국에서 프리미어 리그에 대한 관심이 커진 것처럼 말이에요.

전 세계로 팬층을 늘리면 엄청난 경제적 이득을 볼 수 있습니다. 하지만 이를 위한 스포츠계의 변화를 비판하는 사람들이 많습니다. 스포츠는 전통적으로 지역을 대표하고 그 지역의 문화를 발전시키는 역할을 했는데 이제는 그렇지 않기 때문이지요.

사례탐구 인도의 크리켓 리그

크리켓은 영국에서 시작되었지만 현재는 인도에서 인기가 더 많다. 이러한 인기에 힘입어 2008년 인도의 크리켓 리그인 인디언 프리미어 리그 (IPL, Indian Premier League)가 개막하였다. IPL은 전 세계에서 폭발적인 인기를 끌었다. 이에 따라 대기업이 앞다퉈서 리그에 참가하는 프랜차이즈를 지원하고 IPL 텔레비전 중계권이 약 1조 700억 원에 팔리는 등 IPL에 개입된 자본의 규모는 어마어마해졌다. 또한 리그에서 6주간 경기를 뛰는 조건으로 선수들은 평균 약 16억 원을 받았다.

┃ IPL은 전 세계에 중계권을 판매하여 엄청난 수익을 거두었다.

- 팬은 프로 스포츠에서 없어서는 안 될 중요한 요소다.
- 스포츠 팀은 팬을 모으기 위해 연고지를 설정하거나 유능한 운동 선수를 영입하는 등 다양한 노력을 기울인다. 팬이 많을수록 돈을 더 많이 벌 수 있기 때문이다.

4

CHAPTER

대중 매체와
스포츠

프로 스포츠와 대중 매체의 발달 시기가 겹치는 것은 우연이 아닙니다. 스포츠와 매체는
서로 의존하고 있지요. 방송사는 스포츠 방송을 내보내면 시청자를 모을 수 있다는 것을
깨달았습니다. 스포츠가 없었다면 생기지 않았을 텔레비전 방송국도 많습니다. 스포츠
저널리스트나 기자 역시 마찬가지겠지요.

프로 스포츠

프로 스포츠와 대중 매체의 발달 시기가 겹치는 것은 우연이 아닙니다. 스포츠와 매체는 서로 의존하고 있지요. 방송사는 스포츠 방송을 내보내면 시청자를 모을 수 있다는 것을 깨달았습니다. 스포츠가 없었다면 생기지 않았을 텔레비전 방송국도 많습니다. 스포츠 **저널리스트**나 기자 역시 마찬가지겠지요.

스포츠 역시 매체에 의존합니다. 예를 들어 올림픽은 세계 최대의 스포츠 축제입니다. 하지만 올림픽을 치르는 데는 천문학적인 비용이 듭니다. 올림픽 방송 중계권을 따내기 위해 방송국이 국제 올림픽 위원회에 거액을 지불하지 않는다면 대회에 드는 비용을 감당하기란 불가능합니다. 영국 프리미어 리그 같은 스포츠 리그는 선수와 에이전트가 원하는 액수의 연봉을 지급하기 위해서 방송국과 거래를 하지요.

중계권

리그는 리그에 속한 팀의 경기가 진행되는 동안 경기 관람권과 관련 물품을 판매하여 수익을 거둡니다. 또한 텔레비전에 경기를 방송할 수 있는 권리를 뜻하는 중계권 판매, 기업 후원, 광고를 통해 돈을 벌지요. 그중에서 중계권을 판매하여 얻는 수익이 가장 커요. 그렇다면 리그가 얻은 수입은 어떻게 배분될까요?

미국의 미식축구 리그는 '리그에 속한 모든 팀이 강해지는 만큼 리그의 인기가 상승한다.'는 원리를 기본으로 삼고 있습니다. 따라서 텔레비전 중계권 수익을 모든 팀에게 골고루 분배합니다. 어느 한 팀에 자본이 집중되지 않기 때문에 부유한 팀에 실력이 좋은 선수가 쏠리는 현상이 없지요. 연봉 총액 상한 제도를 두는 것도 같은 맥락입니다.

반면 축구의 상황은 매우 다릅니다. 스페인의 경우 매년 '프리메라 리가'라는 프로 축구 리그를 개최하는데 이 리그의 중계권은 리그를 통하지 않고 방송국과 구단이 개별적으로 직접 계약해야 합니다. 그런데 인기가 많은 축구 팀의 경기 중계권은 모든 방송국이 가지고 싶어 하지만 인기가 없는 팀은 중계권 계약이 잘 이루어지지 않습니다. 방송국은 중계 방송의 시청률이 높아야 이득을 볼 수 있는데 인기가 없는 팀의 경기는 시청자가 별로 없으니까요.

예를 들어 프리메라 리가의 상위 팀인 레알 마드리드와 FC 바르셀로나 같은 팀은 매년 중계권 계약으로 약 2,690억 원을 벌지만 인기가 없는 팀은 10분의 1정도밖에 안 되는 270억 원을 법니다. 중계권을 많이 판매하여 팀의 수입이 높아지면 팀이 선수에게 제공하는 연봉이 높아져 유능한 선수를 영입할 수 있습니다. 이러한 인기 팀이 다른 팀에 비해 우승 횟수가 많은 것은 당연하지요.

한편 영국 프로 축구 리그인 프리미어 리그의 경우 중계료 중 절반은 리그에 소속된 팀이 동등하게 나눠가지고 나머지 절반은 순위와 중계 횟수에 따라 차등 지급됩니다. 여러분은 어떤 방법이 공정하다고 생각하나요?

대중 매체의 자본

스카이나 ESPN은 스포츠를 전문적으로 중계하는 방송국입니다. 이러한 케이블 채널과 위성 채널은 전 세계의 스포츠 경기를 24시간 중계하지요. 이들이 리그와 팀에 지불한 중계료는 선수에게 거액의 몸값을 지급하는 일등공신입니다.

대중 매체가 프로 스포츠의 발전에 기여한 면을 간과할 수는 없습니다. 하지만 대중 매체가 행사하는 영향력이 지나치다는 우려의 목소리도 있습니다. 예를 들어 미국의 텔레비전 네트워크는 올림픽 대회를 중계하려고 거액을 지불합니다. 이들의 중계료를 잃지 않기 위해 국제 올

집중탐구 유료 결제

우리는 보통 텔레비전에서 무료로 경기를 시청한다. 하지만 외국에서는 그렇지 않은 스포츠도 많다. 권투가 대표적이다. 그런데 권투의 경기 시간은 일정하지 않다. 몇 분 안에 끝날지도 모르는 시합을 보려고 시청자는 매번 시청료를 내야 한다. 이러한 시스템으로 인해 권투 선수는 과거보다 돈을 많이 벌 수 있게 되었지만 권투의 인기는 하락했다. 시청할 때마다 결제를 해야 한다는 사실에 시청자가 부담을 느껴 떠났기 때문이다.

림픽 위원회가 미국의 최고 시청률 시간대로 경기 일정을 재조정하라는 압력을 넣었다 개최국에 고소를 당한 적이 있을 정도지요. 하지만 이러한 비판에 대해 방송국은 자신이 돈을 지불한 만큼 영향력을 행사할 권리가 있다고 반박하지요.

또한 방송국은 높은 시청률을 확보하기 위해 사람들에게 인기 있는 스포츠만 중계하고 싶어 합니다. 그래야 광고주들이 거액을 지불할 테니까요. 따라서 여성 스포츠 같은 비인기 종목은 자주 방송하지 않지요. 텔레비전이 중계하지 않는 비인기 스포츠는 세간의 이목을 끌지 못해 인기 종목보다 지원을 적게 받습니다. 인기 종목 선수가 거액의 연봉을 받는 것에 비해 비인기 종목의 선수들은 생활고를 겪으며 열악한 환경에서 훈련을 합니다. 이처럼 대중 매체는 스포츠계의 불평등 현상을 심화시키지요.

전문가 의견

어느 정도 차이가 있기는 하지만 역사상 시청률이 가장 높았던 행사는 올림픽 개회식과 월드컵 결승전이다. 버락 오바마 대통령의 취임식이나 다이애나 왕세자비의 장례식처럼 역사적인 사건이라도 거대 스포츠 행사의 시청률에 육박할 수는 없다.

— 케빈 앨러비 텔레비전 스포츠 전문가

광고와 후원

중계권 외에 스포츠계의 주요 소득원은 기업의 광고와 후원입니다. 여러 기업이 스포츠를 통해 자신의 제품을 홍보하고 특정 종목이나 선수를 후원하여 기업 이미지를 제고하지요. 이렇게 광고와 후원을 하는 기업 중에는 스포츠와 직접적인 연관이 있는 스포츠 의류 회사나 장비 회사도 있지만 보험사나 식품 회사처럼 관련이 없는 기업도 있어요.

기업 후원의 범위는 상상을 초월합니다. 선글라스와 의류 같은 스포츠 용품에서 경기장까지 스포츠와 관련된 모든 것을 후원하지요. 경기장을 후원하는 기업은 경기장 이름을 자신의 기업명으로 바꾸어 자연스럽게 기업명이 사람들의 입에 오르내리도록 합니다. 한편 의류의 경우 선수가 경기 내내 입고 있기 때문에 매체에 노출될 확률이 아주 높습니다. 그래서 스포츠 의류 회사는 정상급 팀의 유니폼 공식 후원사가 되기

집중탐구 '크리켓 광' 앨런 스탠퍼드의 금융 스캔들

스포츠 후원자의 실제 모습은 겉으로 보이는 이미지와 아주 다를 수도 있다. 2008년 미국의 억만 장자인 앨런 스탠퍼드는 그의 헬리콥터를 런던의 로드 크리켓 운동장에 착륙시켰다. 그리고 IPL 우승자에게 약 214억 원의 상금을 제시했다. 하지만 당시 스탠퍼드가 소유한 회사의 경영 상태는 최악이었다. 그의 기업은 1년도 채 안 되어 몰락했고 스탠퍼드는 감옥에 갇혀 위증죄로 고소될 위기에 처했다. 스탠퍼드를 믿고 IPL에 투자한 많은 사람이 이 사건으로 막대한 손해를 입었다.

무하마드 알리는 20세기 최고의 스포츠 선수다. 그는 영원한 라이벌인 조 프레이저, 조지 포먼과 헤비급 세계 챔피언 자리를 놓고 전설적인 경기를 펼쳤다. 만약 무하마드 알리의 경기를 유료로 보았다면 어땠을까? 알리가 지금처럼 전설적인 선수가 될 수 있었을까?

위해 치열한 경쟁을 벌이지요. 또한 의류 회사가 아니더라도 기업 로고를 선수의 유니폼에 새기기도 합니다. 예를 들어 F1, **나스카** 같은 자동차 경주 대회를 보면 선수복과 차량이 후원 기업의 로고로 뒤덮여져 있는 것을 볼 수 있어요.

팀 스포츠 선수는 자신이 속한 팀의 유니폼을 입어야 한다는 제약이 있습니다. 하지만 테니스나 육상 같은 개인 종목에서는 선수가 원하는 옷을 자유롭게 입을 수 있지요. 그래서 기업은 개인 종목의 선수 후원을 더 선호합니다. 테니스 선수 비너스 윌리엄스나 골프 선수 타이거 우즈 같은 스타 선수가 특정한 회사의 모자를 쓰고, 옷을 입고, 장비를 손에 들면 그 제품은 텔레비전에 엄청나게 노출됩니다. 그러니 기업이

저마다 막대한 지원금을 투자하여 스타에게 자사 제품을 입히려고 하는 것이지요. 또한 많은 스포츠 의류 회사가 스타 선수를 기용한 광고가 톡톡한 효과를 가져온다는 점을 간파하고 이를 활용합니다. 예를 들어 스포츠 용품을 판매하는 브랜드인 나이키는 전설적인 농구 선수 마이클 조던을 광고에 내세우고 조던의 이름을 딴 운동화를 판매하여 세계적인 기업으로 성장했습니다.

선수 후원 외에도 스포츠를 이용한 홍보 방법은 수없이 많습니다. 텔레비전 중계 방송 사이에 광고를 내보내는 방법도 있지요. 하지만 광고가 나오는 동안 시청자가 채널을 돌려버리면 광고 효과가 떨어지는 단점이 있어요.

스포츠 의류 회사가 최고의 선수를 광고에 활용하려는 것은 당연하다. 기업은 선수의 성공과 회사 제품이 시너지 효과를 낼 것이라고 생각한다.

타이거 우즈(1975년~)

  엘드릭 타이거 우즈는 혜성처럼 등장하여 골프계에 지각변동을 일으켰다. 그는 대회 상금과 광고료로 연간 약 1,070억 원 이상을 벌어들이며 스포츠 세계의 판도를 완전히 바꾸었다. 1997년 21세의 어린 나이에 메이저 대회에서 첫 우승컵을 거머쥔 뒤 줄줄이 우승을 꿰차며 메이저 최다 우승 기록에도 성큼 다가갔다. 노장의 백인이 주름 잡던 종목에서 젊은 혼혈 선수가 골프 황제로 거듭난 것이다. 타이거 우즈의 흥행은 골프의 대중화를 가져 왔다. 이러한 점 때문에 기업 스폰서에게 우즈는 더할 나위 없는 완벽한 선수로 여겨졌다.

  하지만 골프 황제로 군림하던 우즈가 2009년에 부상을 당하면서 선수 생활에 타격을 입기 시작했다. 게다가 스캔들로 인해 사생활이 깨끗한 선수라는 이미지가 실추되면서 광고를 잃었다. 그렇지만 여전히 타이거 우즈가 스포츠계의 대스타라는 사실은 분명하다.

광고의 문제

  기업 후원은 스타 선수에게만 한정되지 않습니다. 기업은 아마추어 선수나 비인기 종목 선수에게도 후원을 하지요. 이러한 후원을 통해 선수들은 안정적으로 훈련을 받을 수 있어요.

  하지만 모든 사람이 상업적 후원을 긍정적으로 평가하는 것은 아닙니다. 기업의 후원을 비판하는 사람들은 기업이 선수에게 엄청난 광고료를 지불하는 대가로 광고 제품의 가격을 비싸게 책정하여 손해를 메꾼다는 점을 지적하지요. 한 켤레에 10만 원이 넘는 운동화를 예로 들어 봅시다. 그 가격이 전부 제작비일까요? 아닙니다. 그 가격에는 유명한 스포츠 스타를 광고에 출연시키는 비용도 포함되어 있어요. 결국 소비자가 광고료 부담을 떠안게 되는 것입니다. 선수의 팬들은 기꺼이 비싼 값을 주고서라도 제품을 구매합니다. 따라서 기업은 스타 선수를 내세워 제품의 질에 비해 지나치게 비싼 값을 책정하여 시장에 내놓지요.

한편 기업 후원이 선수의 자율성을 침해한다는 비판도 있습니다. 기업은 선수에게 지원금을 제공하는 대가로 자사가 개최하는 행사에 적극적으로 참여하길 요구하는 경우가 많습니다. 이러한 계약 조건 때문에 후원을 받는 선수는 다른 경기가 있거나 휴식을 취하며 실력을 재정비해야 하는 기간에도 무리하게 행사에 참가해야 합니다. 기업의 요구를 거절하면 후원을 받을 수 없기 때문이지요.

나이키는 농구 스타 코비 브라이언트에게 그의 이름이 적힌 나이키 운동화를 신는 조건으로 거액의 광고료를 지불했다.

간추려 보기

- 대중 매체의 발전과 함께 프로 스포츠가 발전했다.
- 리그나 팀은 경기 중계권을 방송국에 판매하여 수익을 얻는다. 인기 있는 팀이나 리그일수록 시청자를 끌어 모으기 쉬워 이들의 중계권은 고가에 거래된다. 반대로 인기가 없는 팀이나 종목은 중계를 하지 않는다.
- 스포츠 선수는 중계권 판매 외에도 기업 후원이나 광고를 통해 돈을 번다.

5

CHAPTER

스포츠 자본의 명암

스포츠 자본의 규모는 수십, 수천억 원에 달합니다. 스포츠 자본은 스포츠를 세상에 알리고 선수가 좋은 환경에서 훈련을 할 수 있도록 도와 스포츠의 발전을 도모합니다. 하지만 자본의 관심을 끄는 것은 몇몇 주요 프로 스포츠 리그뿐입니다.

스포츠

자본의 규모는 수십, 수천억 원에 달합니다. 스포츠 자본은 스포츠를 세상에 알리고 선수가 좋은 환경에서 훈련을 할 수 있도록 도와 스포츠의 발전을 도모합니다. 하지만 자본의 관심을 끄는 것은 몇몇 주요 프로 스포츠 리그뿐입니다.

정상 아래

영국의 축구 리그인 프리미어 리그와 미국의 야구 리그인 메이저 리그 같은 스포츠 리그는 지원금 중 일부로 어린 선수를 훈련시킵니다. 이를 통해 스포츠계 전체가 발전하는 데 기여하지요. 그러나 많은 사람들이 어린 선수를 훈련시키는 비용에 비해 소수의 스타 선수가 가져가는 돈이 훨씬 많다고 비판합니다.

리그는 팀의 실적에 따라 1부, 2부 등으로 나닙니다. 1부 리그에는 대회에서 우수한 성적을 기록한 팀들이 속해 있지요. 1부 리그 소속 팀은 인기가 많아 당연히 하위 리그보다 팬이 훨씬 많습니다. 또한 광고주와 방송국도 하위 리그보다 상위 리그에 투자와 지원을 더 많이 합니다. 하지만 이렇게 최고 리그에만 자본이 집중되면 하위 리그에 속한 팀은 경제적 문제로 몰락할 수 있습니다. 스포츠 자본을 비판하는 사람들은 이렇게 일부 인기 팀에 자본이 쏠리는 현상을 지적하지요. 그러나 일각에서는 사람들의 관심이 상위 리그에 집중된다 하더라도 일단 리그가 대중에게 노출되면 자연스럽게 하위 리그에도 관심이 생겨 스포츠 전체에 득이 된다고 보기도 합니다.

이익을 크게 창출하는 종목에만 자본이 집중되는 현상은 지역 스포츠의 쇠퇴 현상에도 일조했습니다. 예를 들어 카리브 해 지역에서 크리켓은 지역 문화를 대표하는 전통적인 스포츠였습니다. 그러나 현재 카리브 해 지역 젊은이는 크리켓보다 축구나 야구에 더 관심이 많습니다. 텔레비전으로 프리미어 리그나 메이저 리그 같은 유명 스포츠 경기를 보고 자랐기 때문이지요. 이로 인해 카리브 해의 지역 스포츠 문화는 쇠퇴하게 되었습니다.

찬성 VS 반대

나는 돈 때문에 아직도 운동을 한다. 만약 돈을 벌 수 없다면 나는 진작 은퇴했을 것이다.

– 마르티나 나브라틸로바 프로 테니스 선수

돈은 나를 부정한 선수로 만들었을 것이다.

– 빌 버몬트 프로 럭비 선수

▌ 국가는 올림픽 출전 선수들이 훈련에만 전념할 수 있도록 충분한 자금을 지원해야 한다.

재미와 건강을 위한 스포츠

런던이 2012년 올림픽 개최지 후보지로 등록할 당시 영국의 목표 중의 하나는 많은 젊은이들이 스포츠에 더 관심을 가지도록, 이들을 위한 운동 시설을 제공하는 것이었습니다. 이처럼 스포츠 자본은 스포츠의 보급에 기여합니다. 텔레비전에서 스포츠 경기가 나오거나 곳곳에 운동 기구를 설치하면 자연히 사람들이 스포츠에 친숙해질 테니까요.

스포츠에서 자본을 이용하여 일반인의 스포츠 참여를 독려하는 현상은 긍정적입니다. 그러나 단순히 돈을 벌기 위한 도구로 스포츠를 바라보아 사람들의 스포츠 참여를 높이기 위한 노력은 뒷전이 되는 경우도 많습니다.

남아프리카공화국의 케이프타운에서 소년들이 축구를 하고 있다. 축구는 공 하나와 평평한 바닥만 있으면 누구나 할 수 있어 인기가 많다.

스포츠 자본의 그림자

자본은 스포츠계에 분명 긍정적인 영향을 줍니다. 하지만 부정적인 영향도 주지요. 예를 들어 방송사와 광고주는 대중에게 인기가 많은 종목에 투자를 하고 싶어 합니다. 그래야 확실한 효과를 볼 수 있기 때문입니다. 하지만 인기 종목에 방송 보도와 지원이 쏠리면 비인기 종목과 여성 선수 경기 등 다른 스포츠는 무시되기 쉽지요.

한편 스포츠의 경제성에만 집중하면 스포츠의 본질이 흐려진다는 우려도 있습니다. 방송사는 높은 시청률을 뽑아내기 위해 자극적인 경기 장면을 중계하고 싶어 합니다. 후원사는 자신이 투자하는 팀이 승리하여 회사가 더욱 널리 홍보되길 바라고요. 이렇게 수익을 창출하기 위한 후원사와 방송국의 경제 논리는 선수와 팀이 경기 자체를 즐기기보다 오로지 승패에만 연연하게 만듭니다. 후원금이나 중계권 판매 수익으로 팀이 유지되기 때문에 팀 운영자는 기업의 기대에 부응하기 위해 선수에게 어떻게든 경기에서 승리하라고 요구합니다. 이에 따라 경기에서 승리하고픈 욕심에 불법을 저지르는 선수도 있습니다. 더 빠르고 강해지거나 부상에서 회복하는 기간을 단축시키기 위해 불법 약물을 복용하는 것이지요. 이러한 선수는 나중에 건강에 심각한 문제를 안게 됩니다. 게다가 약물 복용 사실이 발각되면 장기간 경기 출전 금지를 당하거나 감옥에 가기도 합니다. 스타 선수의 약물 복용 사례는 육상이나 필드 종목에서 빈번합니다. 하지만 최근에는 야구 등 다른 종목에서도 발생

올림픽과 같은 큰 대회는 전 세계의 이목을 집중시키며 그 덕분에 개최지는 이름을 알리게 된다. 올림픽 역사상 가장 비용이 많이 든 대회는 2008년 베이징 올림픽 대회였다.

하고 있어요. 승패에 집착하는 현상은 대중에게도 영향을 끼칩니다. 예를 들어 대중 매체가 승자의 모습만 크게 부각시키고 패자를 질타하기만 하면 팬은 오히려 스포츠에서 관심이 멀어지게 됩니다. 이길 가능성이 없어 보인다는 이유로 아예 흥미를 잃어버리는 것이지요.

스포츠 용품을 판매하는 회사가 스포츠 스타에게 높은 광고비를 지불했기 때문에, 어쩔 수 없이 그 광고비를 운동 기구의 원가에 포함시켜 가격을 올리는 것도 문제입니다. 가난해서 장비를 살 여유가 없는 사람은 운동을 포기하게 될 테니까요. 중장거리 육상 경기에 가난한 아프리카 국가인 에티오피아와 케냐 출신 선수들이 많은 것도 같은 맥락입니다. 그래서 달리기처럼 장비가 아예 필요 없거나 축구처럼 아주 간단한 도구만 필요한 스포츠는 인기가 많을 수밖에 없지요.

스포츠 행사

올림픽이나 월드컵 같은 대규모 스포츠 행사는 세계인의 축제입니다. 이러한 행사가 창출하는 국가 홍보와 경제 효과는 어마어마하지요. 따라서 여러 국가가 올림픽과 월드컵을 개최하려고 치열하게 경합합니다. 하지만 유치 경쟁이 점점 치열해지면서 개최지 선정과 관련된 각종 비리가 일어나고 있지요.

1999년 국제 올림픽 위원회(IOC, International Olympic Committee) 회원국 중 6개국이 회원국 자격을 박탈당하고 다른 4개국은 사임하는 일이 발생했습니다. 올림픽 대회 개최지는 IOC 소속 위원에 의해 결정됩니다. 그런데 이들이 특정 국가에 표를 던지는 조건으로 뇌물을 받은 것입니다. 결국 IOC는 유치 스캔들이 다시 일어나지 않도록 위원직의 임기를 8년으로 제한하는 규정을 만들었습니다. 한편 2010년 국제 축구 연맹(FIFA, Federation Internationale de Football Association)이 월드컵 개최를 노리는 회원국에게 뇌물을 받았다는 의혹이 영국 방송사에 의해 제기된 적도 있습니다.

올림픽이나 월드컵 같은 큰 경기를 개최하려면 비용이 많이 필요합니다. 대회 개최를 원하는 국가는 그에 따른 수입을 생각하면 개최 비용은 충분히 감수할 만하다고 생각하지요. 하지만 막대한 비용을 들여가면서 꼭 대회를 치러야 하는 것인지 의문을 제기하는 사람도 많습니다. 투자하는 비용에 비해 얻을 수 있는 수익이 실질적으로 그리 많지 않다는 뜻이지요. 예를 들어 2004년 그리스가 아테네 올림픽을 위해 막대한 비용을 들여 건설한 올림픽 경기장은 올림픽이 끝난 뒤로 한 번도 사용되지 않았습니다. 그리스인들은 대회가 끝나면 다시는 사용하지 않을 경기장을 건설하려고 엄청난 비용을 낭비한 정부를 비난했습니다. 그 비용이 전부 국민의 세금에서 나왔기 때문이지요.

도박과 스포츠

스포츠 자본과 관련된 여러 가지 문제 중 하나는 바로 도박입니다. 스포츠를 둘러싼 내기와 도박은 수백 년 동안 존재했습니다. 도박꾼들은 경기의 결과를 놓고 돈을 걸었지요. 주로 경마에서 이루어졌던 도박은 축구, 크리켓 등 다른 스포츠에도 확산되었습니다. 게다가 요즈음에는 온라인 도박이 급증하고 있습니다.

스포츠 도박을 불법으로 규정한 국가가 많습니다. 도박은 중독성이 높고 관련 범죄와 사회 문제를 일으킬 확률 또한 높기 때문입니다. 스포츠 도박은 경기 결과에 따라 승패가 좌우되기 때문에 심판이나 선수가 도박에 연루되기도 합니다.

승부를 조작하여 돈을 벌려는 사람들은 선수를 자신이 원하는 방향으로 끌어들이려고 교묘한 전략을 펼칩니다. 처음에 이들은 경기의 결과와 상관없는 아주 작은 것을 해 주는 대가로 선수에게 돈을 줍니다. 일단 그렇게 시작해서 선수가 경계를 풀면 더 큰 일을 시키지요. 제안을 받은 선수는 거절하고 싶어도 연루 사실이 발각될까 두려워 거절하지 못합니다. 선수가 도박에 연루되는 일은 특히 개인 경기에서 흔합니

미국 야구 팀 화이트 삭스의 승부조작 사실이 드러나자 사람들은 경기와 선수의 모든 행동에 의문을 던지기 시작했다. 보이는 것을 믿을 수 없는데 경기를 즐길 수 없는 것은 당연하지 않을까?

다. 팀 경기의 경우에는 한 선수가 경기 결과에 미치는 영향이 제한적이기 때문이지요.

심판도 승부에 영향을 줄 수 있습니다. 2010년 독일에서는 선수와 심판이 뇌물을 수수하여 재판이 벌어졌습니다. 심판은 뇌물을 받고 도박꾼이 원하는 대로 경기를 이끌며 편파 판정을 했지요.

사례탐구 정부와 스포츠 도박

모든 스포츠 도박이 불법은 아니다. 정부가 직접 스포츠 도박 사업을 운영하는 경우도 있다. 한국에서는 국민 체육 진흥 공단이 직접 스포츠 도박 사업을 관리한다. '스포츠 토토'가 바로 그것이다. 축구, 농구, 야구, 씨름 등 다양한 종목의 결과를 맞추는 방식인 스포츠 토토는 중독성을 줄이기 위해 성인에 한해 최대 10만 원까지 참여하도록 제한되어 있다. 스포츠 토토로 얻은 수익은 국민 체육 활성화 기금으로 사용된다.

- 스포츠 자본은 세상에 스포츠를 알리고 선수가 좋은 환경에서 훈련을 할 수 있도록 지원하는 등 긍정적 역할을 한다. 하지만 스포츠계의 불평등을 야기한다는 비판도 있다.
- 올림픽이나 월드컵 같은 대규모 스포츠 행사는 엄청난 경제적 이익과 국가 홍보 효과를 창출한다. 하지만 개최지 선정 비리, 사후 처리 등의 문제도 있다.

6

스포츠 자본의 미래

자본은 스포츠의 발전에 크게 기여했습니다. 하지만 자본이 현대 스포츠에 행사하는 위력을 모두가 달가워하지는 않습니다. 자본에 대해 비판론을 펼치는 사람들은 대중 매체가 경기 결과와 선수의 몸값을 보도하는 데 치중하는 점을 지적하지요. 몇몇 인기 스포츠와 스타 선수에게 관심이 쏠리면 비인기 종목에서 역경을 뛰어넘고 승리를 쟁취한 스포츠 본래의 영웅은 관심을 받지 못하기 때문입니다.

현대 프로 스포츠는 주로 영국, 미국이나 유럽 국가에서 시작되었습니다. 19세기 후반에 세계 제일의 경제력을 자랑하던 이 국가의 국민들은 부유한 생활을 하며 여가 시간에 스포츠를 즐겼지요. 하지만 시간이 흐르자 스포츠를 향한 열기는 전 세계로 전파되었습니다. 예를 들어 중국은 2008년 베이징 올림픽에서 국가 메달 수 1위를 기록했습니다. 그리고 크리켓은 인도에서의 엄청난 인기몰이 덕분에 세계적인 스포츠로 성장했습니다.

스포츠의 인기는 세계적이다. 데이비드 베컴은 축구 선수로서의 명성 덕분에 세계적인 스타가 되었다. 2010년에는 그를 우상으로 여기는 한 소녀의 이야기를 담은 영화 〈슈팅 라이크 베컴〉까지 제작되었다. 이 영화는 폐쇄적인 북한에서 텔레비전에 방송된 최초의 서구 영화였다.

더 날렵하고 빠르게

프로 선수의 기량은 나날이 향상되고 있습니다. 운동 시설과 의학 지식이 한층 발전되었기 때문이지요. 이러한 변화에는 스포츠 자본의 영향이 컸습니다.

지금은 텔레비전과 인터넷을 통해 언제 어디서든 스포츠를 보고 즐길 수 있습니다. 전 세계의 스포츠 경기를 실시간으로 중계하니까요. 스포츠와 돈의 관계에는 부정적인 면도 있습니다. 하지만 방송국 관계자, 후원사와 스포츠 팀 및 선수를 포함한 많은 이들이 스포츠 자본 덕분에 스포츠가 예전보다 발전했다고 말합니다.

상업주의에 대한 반기

자본은 스포츠의 발전에 분명 크게 기여했습니다. 하지만 자본이 현대 스포츠에 행사하는 위력을 모두가 달가워하지는 않습니다. 자본에 대해 비판론을 펼치는 사람들은 대중 매체가 경기 결과와 선수의 몸값을 보도하는 데 치중하는 점을 지적하지요. 몇몇 인기 스포츠와 스타 선수에게 관심이 쏠리면 비인기 종목에서 역경을 뛰어넘은 승리를 쟁취한 스포츠 본래의 영웅은 관심을 받지 못하기 때문입니다.

애초에 스포츠 팀은 지역을 기반에 두고 형성되었습니다. 선수와 관중은 같은 동네에 살았고 그 지역 축구 팀과 야구 팀은 해당 지역의 정체성을 나타냈지요. 이렇게 작은 마을에서 시작한 스포츠 팀은 오늘날 전 세계의 팬을 거느린 세계적인 팀으로 성장했습니다. 이에 따라 스포츠는 엄청난 경제 효과를 창출했습니다. 그러나 스포츠가 창출하는 경슈퍼볼(Super Bowl)은 미국의 각 지역 미식축구 리그 우승팀이 경쟁하여 미 전역의 최종 우승자를 가리는 대회다. 슈퍼볼은 단순한 스포츠를 뛰어넘어 유흥과 상업의 축제다. 슈퍼볼과 관련된 언론 보도를 보면 경기에 대한 이야기도 있지만 하프 타임 쇼의 공연을 하는 가수와 중간에 등장하는 광고에 대한 이야기가 더 많다. 매년 다른 도시에서 열리는 슈퍼볼은 미국에서 시청률이 가장 높은 행사로 손꼽힌다.

2011년 블랙 아이드 피스라는 그룹이 미국 텍사스에서 열린 슈퍼볼의 하프 타임 쇼에서 공연을 펼쳤다.

라이더 컵(Ryder Cup)

골프는 스포츠 자본이 막대하게 개입된 스포츠다. 프로 골프 선수가 대회 우승 상금, 광고료, 후원금 명목으로 챙기는 자본의 규모는 한 해에만 수십억 원을 호가한다. 하지만 우승 상금이 전혀 없는 골프 대회도 있다. 바로 라이더 컵이다.

라이더 컵은 미국 대 영국·유럽 연합의 프로 골프 팀 대항전으로 2년에 한 번씩 열린다. 선수들은 상금보다는 우승의 영예를 목표로 삼는다. 라이더 컵은 골프 선수들이 팀을 이뤄서 겨루는 몇 안 되는 경기이기도 하다. 그러나 라이더 컵 조직 위원회는 텔레비전 중계료, 입장권 수익금, 기업 후원, 광고를 통해 막대한 이익을 얻는다.

라이더 컵은 1927년에 처음 열렸다. 라이더 컵에서 선수가 중요하게 여기는 것은 돈이 아닌 명예다.

제적 이익에만 치중한 나머지 스포츠계가 관중을 그저 기업의 돈벌이 대상으로 취급한다는 비판도 있습니다.

우리는 스포츠를 보면서 큰 기쁨을 느낍니다. 많은 사람을 즐겁게 하는 운동 선수는 연예계 톱 스타와 마찬가지로 큰돈을 벌 자격이 있을 수 있습니다. 하지만 자본의 힘이 지나치게 커지면 애초에 스포츠가 가진 재미와 정열이 사라지고 결국 경기가 공정한 경쟁 대신 **승부조작**으로 얼룩질 수도 있어요. 그렇다면 앞으로 프로 스포츠가 나아가야 할 방향은 어디일까요?

간추려 보기

- 스포츠 자본은 프로 스포츠를 발전시켰지만 스포츠계를 상업주의로 물들이기도 했다. 스포츠 자본의 적절한 역할은 무엇일까?

용어 설명

ㄱ

광고주 광고의 주체. 매체에 자신의 제품을 광고하도록 요청하는 주체로 주로 기업을 뜻한다.

ㄴ

나스카(NASCAR, National Association for Stock Car Auto Racing) 미국의 대표적인 자동차 경주 대회. F1, 카트와 함께 세계 3대 자동차 경주 대회 중 하나다. 다른 대회와 달리 경주용차가 아니라 개조 자동차로 대회에 참가할 수 있다. 미국에서 미식축구 리그 다음으로 높은 시청률을 기록하는 대회로 경기 관람객만 30만 명에 이른다. 대회에 참가하는 차 하나에 붙는 광고료만 약 250억 원에 달한다.

ㄹ

라운더스 영국에서 시작된 구기 스포츠. 19세기경 영국 서부의 어린이들이 배트와 공, 베이스를 사용하여 즐기던 스포츠로 미국으로 건너가 야구가 되었다.

ㅁ

메이저 리그(MLB, Major League Baseball) 미국 프로 야구 리그. 북미 지역, 즉 미국과 캐나다의 도시를 연고지로 둔 프로 야구 구단이 경쟁하는 리그로 1869년에 시작되어 현재는 30개 팀이 참가한다. 보통 매년 4월에 시작하여 10월에 끝난다.

물질주의 돈을 가장 소중한 것으로 여기는 사상. 황금만능주의라고도 한다. 돈으로 모든 것을 판단하고 돈이면 무엇이든 할 수 있다고 생각하는 사상을 뜻한다.

미식축구 19세기경 미국에서 만들어진 축구 경기. 한 팀이 11명의 선수로 구성되어 타원형의 공을 상대방의 골 포스트에 더 많이 넣는 팀이 승리하는 경기다. 4쿼터로 진행되며 미국에서 가장 인기가 많은 스포츠다.

ㅂ

부유층 재산이 많아 넉넉한 생활을 하는 계층. 계층이란 사회적 지위가 비슷한 사람의 모임을 뜻한다.

생활 체육 일상생활에서 자발적으로 참여하는 신체 활동. 건강이나 스트레스 해소, 친목 도모 등을 목적으로 개인이나 단체가 모여서 즐기는 모든 운동을 뜻한다.

석권 빠른 기세로 세력을 넓힘. '돗자리를 만다.'는 한자어에서 유래했다.

스폰서 주로 라디오나 텔레비전 같은 전파 매체를 이용하는 광고주. 주로 일정한 프로그램을 구입하여 그 프로그램의 전후 시간 또는 프로그램 안에서 제품을 광고한다.

승부조작 경기의 승패나 결과를 가짜로 꾸며낸 행위. 스포츠에서 승부조작은 주로 도박과 연관된 경우가 많으며 이와 상관없이 자신의 팀을 다음 경기에 진출시키기 위해 상대편과 짜고 결과를 조작하는 경우도 있다. 승부조작은 스포츠에 대한 대중의 신뢰를 훼손시킨다.

시장 제품과 서비스를 거래하는 장소. 선수가 현재 소속팀과 계약 기간이 끝나 재계약을 하거나 다른 팀으로 이적해야 할 때 '선수 시장에 나왔다.'고 한다.

ㅇ

아마추어 운동선수를 본업으로 하지 않지만 스포츠를 즐기는 사람. 애호가라고도 한다. 스포츠 경기로 보수를 받지 않고 프로 경기가 아닌 아마추어 경기에 참가하는 선수를 뜻한다.

연고지 관계나 인연이 맺어진 지역. 보통 출생지나 성장지, 거주지 같이 자신과 어떠한 관계가 있거나 자신이 기반을 둔 지역을 뜻하지만 스포츠에서 연고란 팀이 기반을 두고 활동하는 지역을 뜻한다.

연봉 1년 동안 받는 봉급.

올림픽 국제 올림픽 위원회가 4년마다 개최하는 국제 스포츠 대회. 고대 그리스에서 종교적 목적으로 개최된 것이 시초로 현대적인 형태를 띤 올림픽은 1896년 그리스 아테네에서 개최되었다. 동계와 하계 올림픽이 각각 번갈아 열리며 100여 개가 넘는 국가가 참여하고 종목의 개수는 세부 종목만 300여 개, 개최 기간은 2주가 넘는 대규모 행사다.

월계관 월계수 잎으로 만든 관. 월계수는 그리스 신화에서 태양의 신 아폴로를 상징하는 나무로 명예를 뜻한다.

윔블던 영국 윔블던에서 개최되는 테니스 대회. 매년 6월에 개최되며 국적에 상관없이 출전 가능한 대표적인 테니스 대회다. 총 상금만 약 430억 원에 달한다.

유니폼 단체 경기 선수들이 똑같이 맞춰 입는 운동복. 주로 자신의 팀을 나타내는 색깔로 만든다.

ㅈ

저널리스트 언론인. 언론사에 소속된 기자나 언론사에 소속되지 않더라도 신문이나 잡지 등에 칼럼이나 기사를 기고하는 모든 사람을 저널리스트라고 한다. 하지만 언론인으로서의 자세와 의식을 지니고 언론인 윤리 규범을 따라야 한다.

조정 배에서 노를 저어서 결승선에 도착한 시간으로 순위를 정하는 경기. 17세기경 영국에서 시작되었다. 한 선수가 2개의 노를 젓는 스컬링과 1개의 노를 젓는 스위프 로윙으로 나뉜다. 개인 경기, 팀 경기 모두 있다.

중계료 방송국에서 경기를 중계하는 대신 리그나 팀에 지불하는 비용.

ㅊ

충성도 충성하는 정도. 충성이란 마음에서 우러나와 따르는 것을 뜻한다.

ㅋ

크리켓 두 팀이 교대로 공격과 수비를 하며 공을 배트로 쳐서 실력을 겨루는 경기. 영국에서 만들어졌으며 한 팀은 선수 11명으로 구성된다.

ㅍ

파업 노동자가 고용주에게 자신의 요구를 관철하기 위해 집단적으로 노동을 거부하는 행위.

패럴림픽 국제 장애인 올림픽 위원회가 4년 주기로 주최하는 신체 장애인 대상 올림픽. 올림픽이 열리는 해에 올림픽 개최국에서 열리며 1948년 하체가 마비된 장애인을 대상으로 열린 행사가 시초다. 현재는 신체가 불편한 장애인이면 누구든 참가할 수 있으며 동계, 하계 모두 열린다.

펜싱 검을 가지고 두 선수가 실력을 겨루는 스포츠. 프랑스에서 시작되었으며 검의 끝으로 상대 선수를 찌르거나 베서 점수를 겨룬다. 안전을 위해 마스크와 장갑 같은 보호 장비를 착용하고 전기 센서를 사용하여 공격 여부를 측정한다.

기타

F1(Formula One World Championship) 포뮬러 자동차 경주 대회. 포뮬러란 세계 자동차 연맹이 규정한 경주 규칙으로 F1은 이 규칙에 따라 경주하여 속도로 승부를 가리는 대회다. 주요 자동차 경주 대회 중 하나로 3월부터 11월까지 개최되는 세계 규모의 대회다. 전 세계 150여 개 국가에 중계되며 시청자만 40억 명이 넘는다.

연표

기원 전	**776년**	고대 그리스에서 올림픽의 시초인 달리기 대회가 열렸다.
기원 전	**680년**	올림픽에 전차 경주가 도입되었다.
	394년	로마제국의 테오도시우스 황제가 종교적 이유로 올림픽을 폐지하였다.
	1774년	영국에서 크리켓의 경기 규칙이 만들어졌다.
	1775년	영국에서 유행하던 라운더스가 미국에 전해졌다. 라운더스는 배트와 공을 사용하는 스포츠로 야구의 전신이다.
	1876년	영국에서 윔블던 테니스 대회가 최초로 개최되었다.
	1845년	미국에서 카트라이트가 세계 최초의 야구팀인 니커보커 야구 협회를 조직하였다.
	1863년	영국에서 축구 협회가 만들어졌다. 이전

까지 축구는 명확한
형식과 규칙이 없었
는데 영국 축구 협회
가 만들어지면서 현
대적인 축구의 형식이
정립되었다.

1869년

미국에서 미식축구 경기가 처
음으로 치러졌다.

1872년

유럽의 주요 축구 대회 중 하나인 잉글랜드 FA컵이
시작되었다.

1891년

미국에서 제임스 네이스미스라는 체육 교사가 농구를 창안
했다.

1896년

제1회 아테네 올림픽이 열렸다. 육상, 수영, 체조 등 총 9개 종
목이 실시되었고 14개국이 참가했다. 종합 순위는 미국이 1위
를 차지했다.

1900년대 초

미국에서 찰스 파일이 최초의 스포츠 에이전트로 활동을 시
작했다.

1903년

미국에서 월드 시리즈가 처음으로 치러졌다. 월드 시리즈란
미국의 프로 야구 리그 내셔널 리그와 아메리칸 리그의 우승
자가 서로 실력을 겨루는 경기로 전 세계인이 이목을 집중하
는 경기다.

1904년

국제 축구 연맹(FIFA, Federation Internationale de Football

Association)이 만들어졌다.

1919년

미국의 월드 시리즈의 경기 결과와 관련하여 선수를 매수했다는 비리설을 조사하기 위해 최초의 커미셔너가 등장했다.

1922년

미국의 북아메리카 프로 미식축구 리그(NFL, National Football League)가 시작되었다. NFL은 매년 관람객이 10만 명 이상 모이는 거대 스포츠 행사다.

1924년

프랑스에서 동계 올림픽이 처음으로 열렸다.

1928년

암스테르담 올림픽에서 음료 회사 코카콜라가 선수에게 음료수를 제공하는 마케팅을 하였다. 이를 시작으로 올림픽에서 스포츠 마케팅이 본격적으로 이루어졌다.

1930년

제1회 우루과이 월드컵이 개최되었다.

1932년

국제 농구 연맹(FIBA, Federation Internationale de Basketball Amateur)이 결성되었다. 초기에는 아마추어 농구 선수들을 위한 연맹이었다.

1936년

제11회 베를린 올림픽에서 농구가 정식 종목으로 채택되었다.
국제 야구 연맹(IBAF, International Baseball Federation)이 창설되었다.

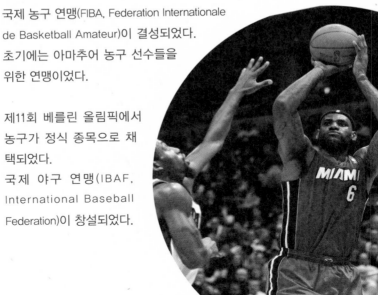

베를린 올림픽에서 최초로 텔레비전 스포츠 중계가 시작되었다.

1946년 미국의 프로 농구 리그인 NBA(National Baseball League)가 시작되었다.

1948년 영국에서 국제 장애인 올림픽인 패럴림픽이 처음 개최되었다.

1984년 미국의 스포츠 용품 브랜드 나이키가 당대 최고의 농구 선수 마이클 조던과 후원 계약을 체결했다. 이후 마이클 조던을 위해 에어 조던 원이라는 농구화를 만들었는데 소비자들의 폭발적인 반응을 불러 왔고 이후로 기업의 스포츠 스타 후원 계약이 붐을 이루었다.

1985년 국제 올림픽 위원회가 글로벌 기업을 올림픽의 스폰서로 유치하여 대회 운영 자금을 마련하는 제도인 올림픽 파트너 제도를 도입했다.

1992년 바르셀로나 올림픽에서 야구가 정식 종목이 되었다.

2006년 국제 야구 대회인 월드 베이스볼 클래식(WBC, World Baseball Classic)이 시작되었다. 제1회 WBC에서는 일본이 우승을 차지했다.

2013년 스페인 축구팀 레알 마드리드가 축구 선수 가레스 베일을 약

1,431억 원을 주고 영입했다. 이 금액은 이적료로는 세계 최고 금액이었다.

2014년

미국 방송국 NBC가 약 7조 9,000억 원을 내고 올림픽 중계권 계약을 따냈다. NBC의 계약은 중계권 계약 역사상 최고 수준이다.

더 알아보기

대한체육회 www.sports.or.kr

한국의 아마추어 스포츠를 육성하고 경기 단체를 지도, 감독하는 단체다. 웹 사이트에 들어가면 스포츠와 관련된 각종 위원회와 대회 소식을 접할 수 있다. 또한 종목별 관련 규정도 볼 수 있다.

국민 체육 진흥 공단 www.kspo.or.kr

1988년 서울 올림픽을 기념하기 위해 설립된 단체로 스포츠의 생활화를 도모한다. 생활 체육 발전 지원, 스포츠 산업 육성 등 다양한 활동을 통해 스포츠를 친숙하게 접할 수 있도록 노력하는 공기업이다.

대한 축구 협회 www.kfa.or.kr

한국 축구 행정을 총괄하는 기구다. 한국 축구의 역사, 국내 리그 일정, 경기 결과 등 한국 축구와 관련한 다양한 정보를 접할 수 있다.

대한 야구 협회 www.korea-baseball.com

한국 야구 행정을 총괄하는 기구다. 한국 야구 리그 경기 일정, 야구 관련 뉴스 등 최신 소식을 접할 수 있으며 야구의 유래와 역사, 규칙을 볼 수 있다. 또한 동영상으로 직접 야구 레슨을 받을 수 있으며 커뮤니티에서 다른 야구팬과 소통할 수 있다.

대한 농구 협회 www.koreabasketball.or.kr

한국 농구의 발전과 활성화를 위해 만들어진 농구 협회로 국내, 국제 농구 경기 일정과 최신 정보를 볼 수 있다. 또한 역대 경기 기록과 농구의 역사, 농구 규칙 등을 열람할 수 있으며 농구 용어 사전에서 선수, 경기, 훈련 관련 용어를 찾아 볼 수 있다.

체육 박물관 www.sportsmuseum.co.kr

체육과 관련된 정보를 볼 수 있는 웹 사이트다. 역대 올림픽, 월드컵, 각 종목별 스포츠 용어, 선수 정보 등을 찾아 볼 수 있으며 체육과 관련한 법안도 볼 수 있다. 또한 매달 체육 인물을 선정하여 체육사에 한 획을 그은 선수의 일생을 볼 수 있다.

찾아보기

내인생의책 은 한 권의 책을 만들 때마다
우리 아이들이 나중에 자라 이 책이 '내 인생의 책'이라고 말할 수 있는 책을 만들고자 합니다.

세상에 대하여 우리가 더 잘 알아야 할 교양
36 스포츠 자본 약일까, 독일까? (원제:Money in Sport)

닉 헌터 글 | 이현정 옮김 | 김도균 감수

초판 발행일 2014년 6월 25일 | 제2쇄 발행일 2024년 6월 5일
펴낸이 조기룡 | 펴낸곳 내인생의책 | 등록번호 제10-2315호
주소 서울시 서초구 나루터로 70, 엠피스센터 212-1호(잠원동, 영서빌딩)
전화 (02)335-0449, 335-0445(편집) | 팩스 (02)6499-1165
전자우편 bookinmylife@naver.com | 카페 http://cafe.naver.com/thebookinmylife
편집장 이은아 | 책임편집 진송이
편집 1팀 신인수 이다겸 이지연 김예지 | 편집 2팀 박호진 이민해 조정우
디자인 최원영 심재원 | 경영지원 김지연 | 마케팅 이성민 서영광

ISBN 979-11-5723-012-9 44300
ISBN 978-89-97980-77-2 44300(세트)

Money in Sport by Nick Hunter
Under licence to Capstone Global Library Limited.
Text © Capstone Global Library Limited 2012
All rights reserved.
Korean translation copyright © 2014 by TheBookinMyLife Publishing Co
This Korean edition is published

책값은 뒤표지에 있습니다. 잘못된 책은 구입처에서 바꾸어 드립니다.

이 도서의 국립중앙도서관 출판시도서목록(CIP)은 e-CIP 홈페이지(http://www.nl.go.kr/ecip)에서 이용하실 수 있습니다.
(CIP제어번호: 2014017054)

디베이트 월드 이슈 시리즈

세상에 대하여 우리가 더 잘 알아야 할 교양

전국사회교사모임 선생님들이 번역한 신개념 아동·청소년 인문교양서!

《디베이트 월드 이슈 시리즈 세더잘》은 우리 아이들에게 편견에 둘러싸인 세계 흐름에서 벗어나 보다 더 적확한 정보와 지식을 제공합니다. 모두가 'A는 B이다.'라고 믿는 사실이, 'A는 B만이 아니라, C나 D일 수도 있다.'라는 것을 알려 주면서 아이들이 또 다른 진실을 발견하도록 안내합니다.

★ 전국사회교사모임 추천도서 ★ 문화체육관광부 우수교양도서 ★ 한국간행물윤리위원회 청소년 권장도서 ★ 서울시교육청 추천도서
★ 보건복지부 우수건강도서 ★ 아침독서 추천도서 ★ 대교눈높이창의독서 선정도서 ★ 학교도서관저널 추천도서

① 공정무역 ② 테러 ③ 중국 ④ 이주 ⑤ 비만 ⑥ 자본주의 ⑦ 에너지 위기 ⑧ 미디어의 힘 ⑨ 자연재해 ⑩ 성형 수술
⑪ 사형제도 ⑫ 군사 개입 ⑬ 동물실험 ⑭ 관광산업 ⑮ 인권 ⑯ 소셜 네트워크 ⑰ 프라이버시와 감시 ⑱ 낙태 ⑲ 유전
공학 ⑳ 피임 ㉑ 안락사 ㉒ 줄기세포 ㉓ 국가 정보 공개 ㉔ 국제 관계 ㉕ 적정기술 ㉖ 엔터테인먼트 산업 ㉗ 음식문맹
㉘ 정치 제도 ㉙ 리더 ㉚ 맞춤아기 ㉛ 투표와 선거 ㉜ 광고 ㉝ 해양석유시추 ㉞ 사이버 폭력 ㉟ 폭력 범죄